JN206524

働き方改革法の解説と企業の実務対応

岩出 誠 代表編集
ロア・ユナイテッド法律事務所◉編著

ロギカ書房

はしがき

2018年6月29日、働き方改革の総合的かつ継続的な推進のため、また、長時間労働の是正、多様で柔軟な働き方の実現等のために、「働き方改革を推進するための関係法律の整備に関する法律」（以下「働き方改革法」という）が難産の末、成立し、早いものでは、公布日である2018年7月6日から施行されています。詳細は以下、各章で解説しますが、同法は、雇用対策法を筆頭にして、2015年改正労基法案を廃案として同法案の一部を修正（企画業務型裁量労働制の適用範囲拡大の削除）した内容と、政府の働き方改革実現会議が2017年3月28日打ち出した働き方改革実行計画（以下「働き方改革実行計画」という）に沿って、労基法第36条の時間外限度基準や特別条項の上限時間の罰則付きでの規制強化した内容を合体した労基法と、これに関連した安衛法、労働時間等設定改善法、雇用形態にかかわらない公正な待遇の確保を目的とし、「同一労働同一賃金ガイドライン案」の確定施行に合わせた労働契約法、パートタイム労働法、労働者派遣法、じん肺法の8本の法律の一括改正法です

今後、各改正法の施行までの間に、政省令・通達・指針等を見なければ不明な点や、企業への衝撃を緩和する一定の経過措置等の施策も設けられていますが、各改正法施行後の対応策と運用には専門家を交えた慎重な規程等の整備が必要です。

そこで、本書は、①何がどう変わるか（改正前・後の相違点）を指摘しつつ、②いつから適用されるのか、③何をどう準備すれば良いのか、という視点に基づき、働き方改革法の概要、各企業の同法への実務的対応上留意すべき点を、速報として解説しようとするものです。

なお、本書は、代表編集による章立て、テーマ等の調整はなされていますが、各執筆者は、自説を述べるのではなく、各改正法改正への建議等や判例を中心に、でき得る限り客観的に、前述の目的を狙って各自が独自に

執筆しました。したがって、各所で示されている見解は各担当執筆者の個人の責任において示されたもので、著者全員の統一見解でも、編者事務所（ロア・ユナイテッド法律事務所）の統一見解というものではないこと、そのため、最低限の調整はしたものの、各所での各人の説明と利用者の便宜のためリファーには留意しましたが、各項目相互間の解説につき若干の重複があり得ますことをお断りしておきます。

本書が、人事・労務に関係し、あるいは、これに興味ある方々にいささかでもお役に立ち、各企業と従業員全体が、公正かつ規律ある企業文化を形成され、もって、正に、職場での安全、生命と健康という、根源的な問題につき、企業の発展と従業員の福祉を向上させることに寄与できれば筆者一同の望外の喜びとするところです。

なお本書の企画、刊行全般について、株式会社ロギカ書房代表取締役橋詰守様、当法律事務所の担当秘書能千晴氏をはじめとする皆さんに色々とお骨折りいただいたことに御礼申し上げたい。

2018 年 10 月

ロア・ユナイテッド法律事務所　代表パートナー弁護士

代表編集　岩 出　誠

目次

第1章
労働環境の変化と法律改正の目的

▶働き方改革法制定の経緯

Q1 働き方改革法の制定経緯はどのようなものですか？

Answer.

2018年6月29日に成立した働き方改革を推進するための関係法律の整備に関する法律（以下「働き方改革法」という）は、2015年に提案された労働基準法改正案を廃案とし、2015年案に長時間労働の是正の強化策を加え、雇用形態にかかわらない公正な待遇の確保を目的としたパートタイム労働法、労働契約法、労働者派遣法の改正など8つの法改正が一括法案として、上程され、成立したものです。

【解説】

1. 2015年労働基準法改正案

2015年労働基準法改正案は、2015年2月13日付「今後の労働時間法制等の在り方について（報告）」に基づき、同年の国会に上程以来、後述の高度プロフェッショナル制度や、2018年改正で案から削除された企画型裁量労働制の適用範囲の拡大を、主な内容としていました。

2. 2018年労基法改正案と雇用形態にかかわらない公正な待遇の確保

少子高齢化の急激な進行に伴い、日本政府としても、日本人口の減少への歯止めとして、結婚して子供を設ける家庭生活を営めない非正規労働者の処遇改善を目指して、雇用形態にかかわらない公正な待遇の確保を目指すことが、厚労省から2017年6月9日「同一労働同一賃金に関する法整備について（報告）」で公表され、同日建議され、パートタイム労働法、労働契約法、労働者派遣法の改正が提言されました。さらに、この方向性の中で、2016年12月20日付で同一労働同一賃金ガイドライン案が公表されました。

他方、過労死等を防止し、子供を育てられる生活の確保に向けた時間外労働の上限規制等については、「働き方改革実行計画」（2017年3月28日働き方改革実現会議決定）を踏まえ、労政審労働条件分科会において、2017年6月5日付「時間外労働の上限規制等について」報告（以下「上限報告」という）が、さらに6月6日付で建議され、これに沿い、2017年9月8日には、働き方改革法法案要綱が公表されました。

しかし、中小企業への配慮を求める自民党の厚生労働部会などの合同会議での意見集約が遅れていたことに加えて、同法案要綱に挿入されていた企画型裁量労働制の適用範囲の拡大部分が、法案提出の根拠となった厚生労働省の労働時間調査に重大な不備が指摘され、2018年4月6日に国会に上程された働き方改革法法案からは削除されました。

しかし、与党及び経済界は、高度プロフェショナル制度より格段利用範囲が広いと見られていたこの削除に対しては強い抵抗をもっており、同案が国会に、数年以内に再提出されることは確実でしょう。

（弁護士　岩出　誠）

▶従来からの変更

Q2 働き方改革法で従来と何が変わったのですか？

Answer.

改正点の詳細は、第２章以下の各改正法を参照いただきますが、戦後労働法にとって70年振りの大変革といわれる労働基準法の大改正を含む働き方改革法は、日本の人事・労務の世界にパラダイムシフトを呼び起こすことでしょう。

【解説】

1. 改正労基法関係

原則、2019年４月１日施行の改正労働基準法による、罰則付き残業時間上限規制は、企業のリスクを多様な面で高めています。

仮に、企業が、高度プロフェッショナル制や裁量労働制に逃げ込もうとしても、その要件を順守していなかった場合、ほぼ全月例賃金が算定基礎となる高額な未払残業代の支払いと罰則の適用が待っています。

さらに、これらの制度を利用した場合、これらの制度自体の欠陥である労働時間管理の弛緩は、過重労働による過労死・過労自殺等によるリスクを格段に高めることになりかねません。

そこで、健康管理時間の適確な把握等によるインターバル等を含んだ健康確保措置の履行を徹底する態勢整備が必要です。

2. パート有期法関係

もう1つの目玉である、2020年4月1日施行の同一労働同一賃金ガイドライン案は、施行までに更に精緻化されて、パート有期法に従い行政指導・監督の対象になるものです。

しかし、2018年6月1日の長澤運輸事件とハマキョウレックス事件の両最高裁判決は、内容的には、上記改正法等を先取りして取り込みながらも、現行労働契約法第20条の解釈として示されています。

したがって、企業としては、直ちに、両最高裁判決と上記改正法等を踏まえた正規・非正規の処遇の均衡に向けた対応をしなければなりません。

3. 企業対応の遅れのリスク

上記いずれの対応についてもこれらを怠った場合、改正労基法関係では割増賃金請求や過労死等についての損害賠償請求のいずれについても莫大な請求を受ける危険があります。

パート有期法関係では、非正規労働者を多く使用している企業においては、非正規労働者の相当数の者から集団訴訟を提起される危険があります。

これらの訴訟リスクにとどまらず、いずれの制度にも、厚労省による企業名公表制度の制裁があり、これらによる風評リスクも、投資家からのSDGs面からの批判や、採用活動での応募者の警戒感の醸成や辞退など、無視できない多様なリスクを背負うことになりかねないことに留意しなければなりません。

（弁護士　岩出　誠）

Q3 働き方改革法の施行時期と経過措置は、どうなっていますか？

Answer.

中小企業への配慮による施行時期が違っているうえに、経過措置が多く、後述の各改正法の解説に従った施行時期への配慮が必要です。

【解説】

1. 各改正法の施行時期

厚労省が働き方改革法成立後に、国会審議を踏まえた、各改正法の施行時期を整理した図解を示していますので、これを紹介しておきます。

2. 各改正法の施行時期にこだわらない労働契約法第20条に関する最高裁判決への配慮の必要

働き方改革の目玉の1つである、2020年4月1日施行の同一労働同一賃金ガイドラインは（中小企業は2021年4月1日施行）、施行までにさらに精緻化されて、パート有期法に従い行政指導・監督の対象になります。

しかし、2018年6月1日の長澤運輸事件（労経速2346号10頁）とハマキョウレックス事件（労経速2346号3頁）の両最高裁判決は、内容的には、上記パート有期法等を先取りして取り込みながらも、現行労働契約法第20条の解釈として示されています。

したがって、行政の動きが遅れることに安住せず、企業としては、直ちに、両最高裁判決と上記パート有期法等を踏まえた正規・非正規の処遇の均衡に向けた対応をしなければなりません。

これらを怠った場合、パート有期法関係では、非正規労働者を多く使用している企業においては、非正規労働者の相当数の者から集団訴訟提起や、個人加盟ユニオン（合同労組）から団交要求と街宣活動をしかけられる危険があります。

これらの訴訟リスク等にとどまらず、2020年4月1日以降は、厚労省による企業名公表制度の制裁があり、これらによる風評リスクも、投資家からのSDGs面からの批判や、採用活動での応募者の警戒感の醸成や辞退など、無視できない多様なリスクを背負うことになりかねないことに留意しなければなりません。

施行期日について

改正法の施行期日及び経過措置について（太字は変更部分）

<table>
<tr><th colspan="2">法律</th><th>大企業</th><th>中小企業</th></tr>
<tr><td colspan="2">雇用対策法</td><td colspan="2">公布日施行
（附則第1条第1号）</td></tr>
<tr><td rowspan="3">労働基準法</td><td>労働時間の上限(第36条等)</td><td rowspan="2">平成31年4月1日</td><td>**平成31年4月1日
→平成32年4月1日
(附則第3条第1号)**</td></tr>
<tr><td>その他改正事項</td><td>平成31年4月1日</td></tr>
<tr><td>中小企業における割増賃金率の猶予措置の廃止（第138条）</td><td>－</td><td>**平成34年4月1日
→平成35年4月1日
(附則第1条第3号)**</td></tr>
<tr><td colspan="2">労働安全衛生法
じん肺法
労働時間等設定改善法</td><td colspan="2">平成31年4月1日</td></tr>
<tr><td colspan="2">パートタイム労働法
労働契約法</td><td>**平成31年4月1日
→平成32年4月1日
(附則第1条第2号)**</td><td>**平成32年4月1日
→平成33年4月1日
(附則第11条第1号)**</td></tr>
<tr><td colspan="2">労働者派遣法</td><td colspan="2">**平成31年4月1日→平成32年4月1日
(附則第1条第2号)**</td></tr>
</table>

出所：厚労省HP参照。附則は、働き方改革法による。

（弁護士　岩出　誠）

第2章
改革内容と企業の実務対応

I
労働時間・働き方に関する改正
（労働基準法の一部改正）

1. 労働時間の上限が変わる

▶ 時間外労働の上限

Q4 労働時間に関する規制は、改正法によってどのように変わるのでしょうか？

Answer.

いわゆる特別条項付きの労使協定に関しても、時間外労働等について①1カ月に100時間未満、②連続する2カ月～6カ月のそれぞれについて1カ月当たり80時間以内、③1年に720時間以内などの厳格な上限が法定されました。

【解説】

1. 従前の規制

労働基準法では、使用者は労働者に対し、1日については8時間、1週間については40時間を超えて労働させてはならない（労基法32条）としながらも、いわゆる三六協定（事業場において労働者の過半数で組織する労働組合がある場合にはその労働組合、これがない場合には労働者の過半数を代表する者との書面による協定）を締結し、これを労働基準監督署へ届け出た場合には、その協定に定められたところにしたがい、労働時間を延長したり、休日に労働させたりすることができるようになっています（労基法36条1項）。

この三六協定に関しては、労働時間の延長を適正なものとするために、厚生労働大臣が延長の限度に関する基準を定めていました（改正前労基法36条2項・平成10年12月28日労働省告示第154号／以下、この項において「延長限度基準」という）。

延長限度基準では、たとえば、1カ月の時間外労働の限度を45時間、1年の時間外労働の限度を360時間とする旨が定められています（延長限度基準3条1項本文）。しかし、この基準にも例外が認められていました。いわゆる「特別条項」と呼ばれるものです。

これは、限度時間を超えて労働時間を延長しなければならない特別の事情（臨時的なものに限ります）が生じたときに限り、使用者は、当該特別の事情に関する労使協定を締結することにより、例外的に上記の45時間や360時間等の延長時間の限度を超えて、さらに労働者の労働時間を延長することができるというものです（延長限度基準3条1項ただし書）。

2. 特別条項の問題点

この「特別条項」に関しては多くの問題点が指摘されていました。

たとえば、特別条項を定める前提となる「特別な事情」は、上記のとおり「臨時的なもの」に限られることから、1カ月45時間を超えて延長することができるのは、本来は1年のうち多くても半分（1カ月ごとに上限を定める場合には年6回、2カ月ごとであれば年3回）までとされているのに、これを超えて、1カ月45時間を超える時間外労働が常態化している企業も少なくありませんでした。

恒常的な業務を恒常的な残業でこなしているというのが実情であり、「特別の事情」や「臨時的なもの」という要件が無視されていたのです。

また、特別条項で定める延長時間の上限は、法律でも、延長限度基準でも規制されていなかったため、事実上、特別条項によって上限なく労働時間を延長することが可能でした。

たとえば、特別条項として、労使間で1カ月の延長時間の上限を100時間や150時間と取り決めても、また、1年の上限を1,000時間や1,500時間と取り決めても、労基法上は違法ではありませんでした。

多くの事業場では、特別条項に関する労使協定を締結する運用が一般化しているために、例外（特別条項）と原則が逆転し、45時間や360時間等の延長の上限が形骸化してしまっています。特別条項によって、「合法的な」長時間の労働時間の延長が常態化していたといえます。

3. 今回の主な改正点

電通の新入社員の過労自殺（平成27年12月）と労災認定（平成28年9月）に関する報道が衆目を集め、企業のずさんな労働時間管理や弛緩した制度運用、さらには特別条項の問題点等が強く指摘されるようになりました。

これを踏まえ、改正法では、特別条項によっても超えることが許されない絶対的な上限が設けられるとともに、これまでにはなかった罰則も規定されました。具体的な変更内容は、次のとおりです。

①　延長限度基準の法文化と休日労働の日数に関する協定の義務化

これまでの延長限度基準は、法律ではなく、厚生労働大臣の定める基準という形式でしたが、これを法律で規定することになりました（改正法36条2項及び4項）。また、改正法では、延長限度基準では規制されていなかった「労働させることができる休日の日数」についても、三六協定で取り決める扱いとなりました（改正法36条2項4号）。

②　厳格な延長限度の設定

改正法においても、三六協定による原則的な延長の限度は、1カ月に45時間まで、1年に360時間までと定められています（改正法36条4項）。この数字は、従前の延長限度基準と同様です。

しかし、従前の特別条項に関しては、これに代わり、「通常予見することのできない業務量の大幅な増加等に伴い臨時的に必要がある場合」において、

❶　1カ月の「時間外労働」と「休日労働」の合計の時間数の上限を「100時間未満」とする

❷　連続する2カ月、3カ月、4カ月、5カ月、及び6カ月のそれぞれについて、1カ月当たりの「時間外労働」と「休日労働」の合計の時

間数の上限を「80時間以内」とする

❸　1年の「時間外労働」の時間数の上限を「720時間以内」とする

という厳格な基準が新たに定められました（改正法36条5項及び6項）。

これらのうち❶又は❷の基準を超過すると、新たに設けられた罰則（6カ月以下の懲役又は30万円以下の罰金）の適用対象になります。

臨時に1カ月45時間を超えて時間外労働をさせることができる月数も、1年について6カ月以内とする点が法定されました（改正法36条5項）。

なお、上記のとおり、❶と❷については時間外労働と休日労働の両方の時間数が問題となりますが、❸については休日労働は規制の対象になりません。

たとえば、「月曜日から木曜日まで4日間、毎日8時間労働し、金曜日には有給休暇を取得したが、日曜日に休日労働として5時間労働した」という場合には、日曜日の休日労働5時間は、❶と❷については時間数をカウントしますが、❸についてはカウントしません（日曜日の労働は1週間の法定労働時間である40時間（労基法32条1項）を超過していません）。

いびつな制度だといわざるを得ませんし、管理も非常に煩雑になりますが、法律上は、時間外労働と休日労働を分けて規制していますので、残業や休日労働の多い企業においては注意が必要です。

煩雑を避けるため、自主的な運用として、❶～❸を通して休日労働も時間数をカウントするという扱いをするのが現実的かもしれません。

4. 適用除外

以上の労働時間の上限に関する基準は、「新たな技術、商品又は役務の研究開発にかかる業務」については適用されません（改正法36条11項）。

（弁護士　岩野 高明）

▶適用時期

Q5 労働時間に関する規制は、いつから適用されるのでしょうか？

Answer.

平成 31 年 4 月 1 日が施行日となっていますが、中小事業主やいくつかの業種については経過措置が設けられています。

【解説】

労働時間の上限に関する改正法は、平成 31 年（2019 年）4 月 1 日に施行されます。

ただし、中小事業主に関しては経過措置が設けられており、平成 32 年（2020 年）4 月 1 日まで適用が猶予されます。

また、工作物の建設の事業、一般乗用旅客自動車運送事業その他の自動車の運転の業務、及び医業に従事する医師については、平成 36 年（2024 年）3 月 31 日までの期間は、前掲❶～❸を含む労働時間の上限規制は適用されません（改正法 139 条 2 項、同 140 条 2 項、同 141 条 4 項）。

（弁護士　岩野 高明）

Q6 改正法の施行を見据え、どのような準備をすべきでしょうか？

Answer.

三六協定の見直しと、確実に労働時間を管理できる体制の整備が必要です。

【解説】

改正法の労働時間の上限規制に違反すると、これまでと同様に労働基準監督署の指導対象になるほか、前掲❶及び❷の規制違反に関しては、新たに罰則(6カ月以下の懲役又は30万円以下の罰金)の適用対象となります。

今回の改正の契機となった電通の事件では、三六協定で定めた延長の上限を超えて時間外労働をさせていた点が労基法違反とされました。

裁判所は、それまでの同種事案では一般的であった会社に対する略式命令で済ませるのは不相当だとし、正式な裁判手続（公判）を開いて審理・判決しました（結果は罰金刑の有罪判決)。

一方で、上司を含む幹部従業員については、検察が不起訴処分としました。

上記の立法措置に加え、悪質な事案に対する司法機関の姿勢の変化等も踏まえると、今後、前掲❶や❷の規制に違反するような長時間労働により過労死･過労自殺などの深刻な事態が発生した場合には､企業だけでなく、違反を放置していた上司等の個人も、重い刑事責任を追及されることが十分に予想されます。

改正法の上限規制に違反しないよう適切に労働時間の管理を行うことは、多くの企業にとって喫緊の課題になっています。

○ 企業の実務対応

具体的な準備としては、まずは従前の三六協定を見直し、改正法を踏まえた内容にする必要があります。協定書の記載事項は、改正法36条2項に列挙されています。

今後、厚生労働省がホームページ上に協定書の記載例を示すと思われますので、これを参考にすればよいでしょう。

最も気をつけなければならないことは、実際の時間外労働を前掲❶～❸の規制の範囲内に抑えることです。

予見が難しい程度の業務量の大幅な増加があった場合でも、1カ月の「時間外労働」と「休日労働」の合計時間の上限は「100時間未満」であり、これは絶対的な上限です(❶)。

また、連続する2カ月～6カ月のそれぞれについて、1カ月当たりの「時間外労働」と「休日労働」の合計の時間数の上限は「80時間以内」であり、これも同様です(❷)。1年の時間外労働時間の上限は720時間です(❸)。

今後、体制の整備が最も望まれるのは、確実な労働時間の管理です。これまで恒常的に長時間の残業が行われていた事業所においては、タイムカードやICカード等の機械的な始業・終業時刻の記録方法を確立し、客観的で確実な方法による労働時間の管理を徹底すべきです。

労働時間の管理方法については、厚生労働省が指針を出しているほか(労働時間の適正な把握のために使用者が講ずべき措置に関するガイドライン／平成29年1月20日付基発0120号第3号)、医師による面接指導の実効性を確保する目的で、労働時間の状況を把握する方法を厚生労働省が定める段取りとなっています(改正安衛法66条の3の8)。

いずれにしても、企業が従業員1人ひとりの時間外労働と休日労働の時間数を正確に把握することが絶対に必要であり、さらには、これらの時間数が上限に近づいた場合に(自動的な注意喚起のシステムが作動するなど)本人や上司等に対して労働時間の抑制を促すことができる体制を整備すべきだと感じます。

(弁護士　岩野 高明)

2. 中小企業の割増賃金猶予規定が廃止される

▶時間外労働の割増率の引上げ

Q7 中小事業主について適用が猶予されていた1カ月60時間を超える時間外労働に対する割増率の引上げはどうなりますか？

Answer.

平成35年4月1日までは従前どおり適用が猶予されます。

【解説】

平成20年の労働基準法改正（平成22年4月1日施行）により、大企業については、1カ月に60時間を超える時間外労働に対する割増賃金の割増率が「5割以上」に引き上げられました（労基法37条1項ただし書）。

この際、中小事業主については、当該改正法は「当分の間」適用しないという猶予措置が設けられました（改正前労基法138条）。

今回の改正によって、この猶予措置に関する条文は削除される（猶予措置が終了する）ことになりましたが（改正法138条）、働き方改革法の附則第1条第3号によって、当該削除の規定が施行されるのは、平成35年(2023年）4月1日とされました。

ややこしいのですが、要するに、猶予措置が終了し、中小事業主にも割増率の引上げが義務化されるのは、平成35年4月1日ということです。

したがって、中小事業主については、それまでの間、なお割増率の引上げに関する猶予措置が続くことになります。

（弁護士　岩野 高明）

3. 年次有給休暇付与の義務化

▶ 有給休暇の付与義務

Q8 使用者による年次有給休暇の付与義務は、どのような内容ですか？

Answer.

使用者は、年次有給休暇の付与日数が 10 日以上である労働者に対し、年次有給休暇のうち 5 日については、基準日から 1 年以内の期間に労働者ごとにその時季を指定しなければなりません（改正労基法 39 条 7 項、8 項）。

【解説】

労働基準法では、使用者は、年次有給休暇の付与日数が 10 日以上である労働者に対し、年次有給休暇のうち 5 日について、基準日から 1 年以内の期間に労働者ごとにその時季を指定しなければならないと定めています。

ただし、労働者が時季指定した場合（改正労基法 39 条 5 項）や計画年休による付与（同条 6 項）がなされた場合、あるいはその両方が行われた場合には、それらの日数の合計を年 5 日から差し引いた日数について使用者に時季指定が義務付けられるにとどまります（同条 8 項）。

なお、平成 27 年 2 月 13 日付「今後の労働時間法制等の在り方について（報告）」では、省令において

① 使用者は時季指定を行うにあたっては、年休権を有する労働者に対

して時季に関する意見を聴くものとすること

② 時季に関する労働者の意思を尊重するように努めなければならないこと

③ 使用者に年次有給休暇の管理簿の作成を省令において義務付けること

等の対応を行うことが適当であるとされており、使用者としては、これらの点にも注意して準備しておく必要があるでしょう。

当該年次有給休暇付与義務に違反し、対象となる従業員に対し有給休暇の指定を行わなかった場合は、30 万円以下の罰金が課されます（同法 120 条 1 号、37 条 7 項）ので注意が必要です。

（弁護士　高木 健至）

▶経過措置

Q9 使用者による年次有給休暇の付与義務に関して、経過措置はありますか？

Answer.

施行期日は平成31年4月1日ですが、基準日に応じて、経過措置があります（改正法附則4条）。

【解説】

改正労働基準法の施行に際して、4月1日以外が基準日（継続勤務した期間を労基法第39条第2項に規定する66カ月経過日から1年ごとに区分した各期間（最後に1年未満の期間を生じたときは、当該期間をいう）の初日をいい、同条第1項から第3項までの規定による有給休暇を当該有給休暇に係る当該各期間の初日より前の日から与えることとした場合はその日）である労働者にかかる有給休暇については、施行日後の最初の基準日の前日までの間は、同法第39条第7項の規定にかかわらず、なお従前の例によることとされています（改正法附則4条）。

たとえば、5月1日に有休を付与した者については、平成31年4月1日ではなく、平成31年5月1日付与分から新労基法が適用されるということです。使用者としては、各自の年休の基準日をあらかじめ確認しておいた方がよいでしょう。

（弁護士　髙木 健至）

4. フレックスタイム制の清算期間が変わる

▶フレックスタイム制の清算期間

Q10 フレックスタイム制の清算期間は、どのように変わったのでしょうか。

Answer.

フレックスタイム制の清算期間は、これまでは１カ月以内とする必要がありましたが、改正により３カ月以内の期間に延長され、より一層メリハリをつけた働き方が可能になっています。また、清算期間の延長に伴い、１カ月超の清算期間を定めた場合は、割増賃金の支払いや労使協定の届出等においてこれまでと異なる取扱いが必要になります。

【解説】

1. 清算期間の上限の延長

フレックスタイム制は、始業及び終業の時刻を労働者の決定にゆだねる制度で、本制度の適用により清算期間として定められた期間を平均して週の法定労働時間（40時間、特例措置事業場※の場合は44時間）を超えない範囲内で、1日8時間又は1週40時間（特例措置事業場の場合は44時間）を超えて労働させることができます。

本制度は、通常の労働時間制度では指定されている始業及び終業の時刻を労働者自身で決定することができますので、生活と仕事との調和を図りながら働くことを可能とします。

※特例措置事業場とは、事業場の規模が10人未満の労基法別表第1の第8号（商業）、第10号（映画・演劇業。映画の製作の事業を除く。）、第13号（保健衛生業）及び第14号（接客娯楽業）の事業をいいます。

本制度を適用するためには、労使協定を締結しなければならず、当該協定において次の事項を定める必要があります。

① 対象となる労働者の範囲
② 清算期間
③ 清算期間における総労働時間
④ 標準となる1日の労働時間
⑤ コアタイム（労働者が労働しなければならない時間帯）を設ける場合には、その開始及び終了の時刻
⑥ フレキシブルタイム（労働者がその選択により労働することができる時間帯）を設ける場合には、その開始及び終了の時刻

「② 清算期間」は、労働者が労働すべき時間を定める期間をいい、これまでは「1カ月以内」とする必要がありましたが、今回の改正によりその期間が変更され、「3カ月以内」の期間に延長されています（改正法32条の3第1項2号）。

これにより、3カ月以内の期間において、より一層メリハリをつけた働き方が可能になります。

2. 1カ月超の清算期間を定めた場合

清算期間が1カ月を超える期間に延長されたことにより、清算期間の週平均労働時間が40時間以内の場合であっても、清算期間のうちある特定

の月に労働時間が集中する等して過重労働になる可能性があります。

そこで、過重労働を防止する等の観点から、「1カ月超」の清算期間を定めた場合は、次の3つの事項への対応が必要になることが追加されています。

①　割増賃金の支払い

フレックスタイム制においては、清算期間を平均して1週間当たりの労働時間が週の法定労働時間を超えた場合は、時間外労働として25％以上の割増賃金の支払いが必要になりますが、「1カ月超」の清算期間を定めた場合は、労働時間は、清算期間をその初日以後1カ月ごとに区分した各期間（最後に1カ月未満の期間となる場合はその期間）において1週平均50時間を超えないようにする必要があり（改正法32条の3第2項）、当該時間を超えた場合は時間外労働として割増賃金の支払いが必要になります。

なお、当該時間が月60時間を超えた場合は50％以上の割増賃金の支払いが必要になりますが、当該50％以上の割増賃金の支払いについては、労基法で定める中小企業については、2023年3月31日までは適用が猶予されています。

②　労使協定の届出

フレックスタイム制を適用する場合は、前述のとおり、労使協定、つまり当該事業場の労働者の過半数で組織する労働組合がある場合はその労働組合、当該労働組合がない場合においては労働者の過半数を代表する者との書面による協定が必要になります。

当該協定については、これまでは所轄労働基準監督署への届出は必要とされていませんでしたが、「1カ月超」の清算期間を定めた場合については、制度の適正な実施を担保する観点から届出が必要になっています（改正法32条の3第4項）。また、清算期間を1カ月超とした場合は、労使協定に

おいて「有効期間」を定める必要があります（改正法施行規則12条の3第1項4号）

なお、これまで通り、1カ月以内の清算期間を定めて本制度を適用する場合については、当該協定の所轄労働基準監督署への届出は必要ありません。

③ 賃金の清算

「1カ月超」の清算期間を定めて本制度を適用した場合で、実際の適用期間が労使協定で定めた清算期間よりも短い場合は、実際の適用期間を平均して1週間当たりの労働時間が週の法定労働時間を超える時間（すでに時間外労働として割増賃金を支払っている時間は除きます）を時間外労働として割増賃金の支払いが必要になります（改正法32条の3の2）。

これは、清算期間の途中で退職する等して本制度の適用期間が清算期間より短い場合に賃金の清算を行うものとなり、1年単位の変形労働時間制では既に導入されている仕組みとなります。

3. 完全週休2日制における法定労働時間の特例

これまでは、完全週休2日制で標準となる1日の労働時間が8時間の場合であっても、曜日のめぐりによって、法定労働時間の総枠を超えることがありました（図表4-1参照）。

この曜日のめぐりによって法定労働時間の総枠を超えることとなる点を解消するため、1週間の所定労働日数が5日の場合には、労使協定で「所定労働日数に8時間を乗じた時間数」を労働時間の限度として定めることにより、所定労働日数に8時間を乗じた時間数を法定労働時間の総枠とすることが可能になっています（改正法32条の3第3項）。

図表4-1は、清算期間を1カ月（起算日は毎月1日）とするフレックスタイム制を導入した場合ですが、労使協定で上記労働時間の限度を定め

図表 4-1　法定労働時間の総枠を超える場合・超えない場合

◇法定労働時間の総枠を超える場合

所定労働日 22 日× 8 時間＝ 176 時間 ＞ 171.4　　○…出勤日

4.6（176-171.4）時間分が法定労働時間の総枠を超える

日	月	火	水	木	金	土
	①	②	③	④	⑤	6
7	⑧	⑨	⑩	⑪	⑫	13
14	⑮	⑯	⑰	⑱	⑲	20
21	㉒	㉓	㉔	㉕	㉖	27
28	㉙	㉚				

◇法定労働時間の総枠を超えない場合

所定労働日 21 日× 8 時間＝ 168 時間 ＜ 171.4

法定労働時間の総枠は超えない

日	月	火	水	木	金	土
1	②	③	④	⑤	⑥	7
8	⑨	⑩	⑪	⑫	⑬	14
15	⑯	⑰	⑱	⑲	⑳	21
22	㉓	㉔	㉕	㉖	㉗	28
29	㉚					

※所定休日：土曜日及び日曜日

※清算時間が 30 日の場合の法定労働時間の総枠

　30 ÷ 7 × 40 ＝ 171.4…

ることにより、「法定労働時間の総枠を超える場合」の例の 171.4 時間を超える労働時間である 4.6 時間（＝ 176 時間－ 171.4 時間）についても法定労働時間の総枠内となります。

なお、これまでも、清算時間を 1 カ月とするフレックスタイム制において、毎週必ず 2 日以上の休日があり、29 日目を起算日とする 1 週間の労働時間が 40 時間を超えず、労働日ごとの労働時間が概ね一定（8 時間以内）の場合には、法定労働時間の総枠を超える場合でも時間外労働と扱わなくても差し支えないとする特例の考え方が通達（平成 9 年 3 月 31 日基発

228 号）により示されていましたが、今回の改正により、一部内容を見直して法律に特例が明文化されました。

4. 施行日

本件に関する改正法の施行日は、2019（平成 31）年 4 月 1 日です。

5. 企業の実務対応

フレックスタイム制の導入においては、今回の改正を踏まえて、1 カ月超の清算期間を定める必要があるかを検討した上で、1 カ月超の清算期間を定める場合は、その旨を労使協定で定めるとともに、当該協定の所轄労働基準監督署への届出を行います。

また、合わせて、常時使用する労働者が 10 人以上の事業場においては、就業規則を改定し所轄労働基準監督署への届出が必要となります。

さらに、1 カ月超の清算期間を定めた場合は、割増賃金の計算や、退職時の清算を行うための給与計算の体制整備が必要です。

なお、特に 1 カ月超の清算期間を定める場合は、日々の累計労働時間を表示する等、フレックスタイム制の適用者が働くべき時間のうち実際にどの程度働いているのか確認できるよう勤怠管理の体制も整備する必要があるでしょう。

（特定社会保険労務士　岩楯めぐみ）

5. 高度プロフェッショナル制度が創設される

▶高度プロフェッショナル制度

Q11 高度プロフェッショナル制度（特定高度専門業務・成果型労働制）とは、どのような制度ですか。

Answer.

特定高度専門業務･成果型労働制（以下「高度プロフェッショナル制度」という）とは、一定の要件を満たした場合に、労働基準法第４章で定める労働時間、休憩、休日及び深夜割増賃金に関する規定を適用除外とする制度です。

労働基準法第 41 条（労働時間等に関する規定の適用除外）へ枝番が追加され、第 41 条の 2 が新設されました。

【解説】

平成 27 年 2 月 13 日付「今後の労働時間法制等の在り方について（報告）」によれば、「時間ではなく成果で評価される働き方かを希望する労働者のニーズに応え、その意欲や能力を十分に発揮できるようにするため、一定の年収要件を満たし、職務の範囲が明確で高度な職業能力を有する労働者を対象として、長時間労働を防止するための措置を講じつつ、時間外・休日労働協定の締結や時間外・休日・深夜の割増賃金の支払義務等の適用を除外した労働時間制度の新たな選択肢として、特定高度専門業務・成果型労働制（高度プロフェッショナル制度）を設ける」とされています。

高度プロフェッショナル制度が適用されれば、労働基準法第4章で定める労働時間、休憩、休日及び深夜の割増賃金に関する規定が適用除外となるという効果が発生します。

なお、高度プロフェッショナル制度は、満18歳に満たない者には適用しないものとされています（改正法60条）。

（弁護士　結城　優）

Q12 高度プロフェッショナル制度の適用要件は、どのようになっていますか？

Answer.

「対象業務」に就く「対象労働者」（書面等により同意を得た者）について、健康確保措置をとり、労使委員会の決議と行政官庁への届出をしたとき、高度プロフェッショナル制度が適用されます。

【解説】

1. 対象業務（改正法41条の2第1項1号）

条文では「高度の専門的知識等を必要とし、その性質上従事した時間と成果との関連性が通常高くないと認められるものとして厚生労働省令で定めるもの」とされています。

実際には改めて労働政策審議会で検討された上で、厚生労働省令により定められることになりますが、金融商品の開発業務、金融商品のディーリング業務、アナリストの業務（企業・市場等の高度な分析業務）、コンサルタントの業務（事業・業務の企画運営に関する高度な考案又は助言の業務）、研究開発業務等が想定されています（報告参照）。

2. 対象者労働者（改正法41条の2第1項柱書、第2号）

① 書面等による同意（改正法41条の2第1項柱書）

対象労働者の書面等による同意が必要とされています。なお、この同意について、平成30年5月31日に衆議院での修正により、対象労働者が同意をした場合でも撤回することができます(改正法41条の2第1項7号)。

②　職務内容等について書面による合意（改正法41条の2第1項第2号イ）

使用者との間の書面その他の厚生労働省令で定める方法による合意に基づき職務が明確に定められていること」が必要です。

③　年収要件（改正法41条の2第1項第2号ロ）

年収要件として、「労働契約により使用者から支払われると見込まれる賃金の額を1年間当たりの賃金の額に換算した額が基準年間平均給与額(厚生労働省において作成する毎月勤労統計における毎月きまって支給する給与の額を基礎として厚生労働省令で定めるところにより算定した労働者1人当たりの給与の平均額をいう）の3倍の額を相当程度上回る水準として厚生労働省令で定める額以上であること」が必要です。

労基法上は年収要件の具体額が定まっているわけではなく、厚生労働省令に委ねられています。具体的な年収額については、労働基準法第14条に基づく告示の内容（1,075万円）を参考に、あらためて労働政策審議会で検討の上、省令で規定される予定です。

3. 健康確保措置（改正法41条の2第1項3号～5号）

まず、健康確保措置については、労働基準法第41条の2第1項第3号～第6号に定められていますが、同条項柱書には「ただし、第3号から第5号までに規定する措置のいずれかを使用者が講じていない場合は、この限りでない」とされていることから、第3号～第5号については必須の措置とされていることに注意が必要です。すなわち、第3号～第5号については高度プロフェッショナル制度の適用要件であり、いずれか1つでも措置が講じられていない場合には、労働基準法第4章で定める労働時間、休憩、休日及び深夜の割増賃金に関する規定が適用除外となるという効果は発生しないことになります。

①　健康管理時間の把握（3号）

使用者が把握すべき健康管理時間とは、「当該労働者が事業場内にいた時間と事業場外において労働した時間との合計の時間」を指します。高度プロフェッショナル制度の法的効果からして、対象労働者については割増賃金支払いの基礎としての労働時間を把握する必要はありませんが、対象労働者の健康確保のため、健康管理時間の把握が求められます。

健康管理時間の把握方法について、平成27年2月13日付「今後の労働時間法制等の在り方について（報告）」によれば、健康管理時間の把握方法については、労働基準法に基づく省令や指針において、客観的な方法（タイムカードやパソコンの起動時間等）によることを原則とし、事業場外で労働する場合に限って自己申告を認める旨規定することが適当である。」とされています。

実務上は、「労働時間の適正な把握のために使用者が講ずべき措置に関するガイドライン」（平成29年1月20日策定）を参考に把握方法を検討することになるでしょう。

②　休日の付与（4号）

1年間を通じ104日以上、かつ、4週間を通じ4日以上の休日を与えることが使用者の義務とされています。

③　健康・福祉確保措置（5号）

使用者は、以下のア～エのいずれかの措置を講じる必要があります（選択的義務）。高度プロフェッショナル制度の導入を検討する場合、いずれの措置を講じるのかについても事前に検討しておくべきでしょう。

ア　労働者ごとに始業から24時間を経過するまでに厚生労働省令で定める時間以上の継続した休息時間を確保し、かつ、労働基準法第37条第4項に規定する時刻の間において労働させる回数を1カ月について厚生労働省令で定める回数以内とすること

※具体的なインターバル時間や深夜業の回数制限については、あらためて労働政策審議会で検討の上、省令で規定される予定。

イ　健康管理時間を1箇月又は3カ月についてそれぞれ厚生労働省令で定める時間を超えない範囲内とすること

※具体的な時間は、あらためて労働政策審議会で検討の上、省令で規定される予定。

ウ　1年に1回以上の継続した2週間（労働者が請求した場合は1年に2回以上の継続した1週間）（使用者が当該期間において、第39条の規定による有給休暇を与えたときは、当該有給休暇を与えた日を除く）について、休日を与えること

エ　健康管理時間の状況その他の事項が労働者の健康の保持を考慮して厚生労働省令で定める要件に該当する労働者に健康診断（厚生労働省令で定める項目を含むものに限る）を実施すること

※「厚生労働省令で定める要件に該当する労働者」については、健康管理時間について、1週間当たり40時間を超えた場合のその超えた時間が1月当たり100時間を超えた場合又は労働者本人から申出があった場合が規定される予定です。また、健康診断の厚生労働省令で定める項目としては、疲労の蓄積の状況及び心身の状況等が規定される予定。

4. 労使委員会の決議と行政官庁への届出

使用者は、労使委員会（使用者及び当該事業場の労働者を代表する者を構成員とするもの）を事業場において設置し、当該委員会がその委員の5分の4以上の多数による議決により、労働基準法第41条の2第1項第1号～第10号の各事項について決議をし、かつ、厚生労働省令で定めると

ころにより当該決議を行政官庁に届け出ることが必要です。

○ 企業の実務対応

まず、企業としては、そもそも高度プロフェッショナル制度を導入するかどうか、導入する場合にはどの労働者を対象とするかについて検討する必要があります。高度プロフェッショナル制度が労働生産性の向上に繋がるかどうかは、職種・業務内容のほか、当該事業場における時間管理体制や対象労働者の自主性等の多角的な視点からの慎重な検討が必要です。

次に、高度プロフェッショナル制度を導入する場合、企業としては、どのような成果に対してどれだけの対価（賃金）を支払うこととするのか、また、成果をどのような基準で計るかについても事前に検討しておくべきです。前述のとおり、高度プロフェッショナル制度の対象業務としては、金融商品の開発業務やアナリストの業務、コンサルタントの業務、研究開発業務等が想定されているところ、研究開発業務等は目に見える形で成果が出るまで長期間を要する職種であり、適切な評価制度の策定・運用が不可欠です。

また、高度プロフェッショナル制度を導入する場合、これまで以上に労働者の健康管理体制を強化するとともに、制度の適用要件とされている健康確保措置（選択的義務）について、いずれの方法により実施するかについて決めておくことが必要です。

以上のとおり、高度プロフェッショナル制度における企業の実務対応としては、評価制度と健康確保が大きなポイントであり、労働者とのトラブルもこの2つが中心になると考えられます。高度プロフェッショナル制度を導入する企業の実務対応としては、評価制度と健康確保を中心とした事前の準備・検討が重要です。

（弁護士　結城　優）

6. 罰則

▶ 時間外労働上限規制に係る違反

Q13 時間外労働上限規制に関する罰則は、どのようなものですか？

Answer.

今回の労基法改正により、三六協定を締結している場合であっても、上限規制に違反した場合は、6カ月以下の懲役又は30万円以下の罰金となる場合があります（改正法36条6項、119条）。

【解説】

労働基準法第36条第6項に規定される以下の各号に違反した場合、同法第119条により6カ月以下の懲役又は30万円以下の罰金の対象となります。

現行の限度基準告示を法律に格上げし、罰則による強制力を持たせるものといえるでしょう。

① 坑内労働その他厚生労働省令で定める健康上特に有害な業務について、1日について労働時間を延長して労働させた時間が2時間を超えないこと（1号）

② 1カ月について労働時間を延長した時間と休日労働の時間が100時間未満であること（2号）

③　労使協定で定められた対象機関の初日から１カ月ごとに区分した各期間の労働時間及び休日労働時間に、当該各期間の直前１カ月、2カ月、３カ月、４カ月、５カ月の時間外労働及び休日労働を加えたそれぞれの期間における労働時間が、1カ月平均で80時間を超えないこと(3号)

（弁護士　結城　優）

▶フレックスタイム制に係る違反

Q14 フレックスタイム制に関する罰則は、どのようなものですか？

Answer.

清算期間１カ月超のフレックスタイム制については行政官庁への届出義務があり、これに違反した場合、30 万円以下の罰金となる場合があります（改正法 32 条の 3 第 4 項、32 条の 2、120 条）。

【解説】

今回の労基法改正により、清算期間１カ月超のフレックスタイム制については、労使協定を行政官庁に届け出る義務があります（改正法 32 条の 3 第 4 項、32 条の 2、詳細は 2 章 4 参照）。かかる義務に違反した場合、第 120 条により、30 万円以下の罰金となる場合があります。

▶ 年次有給休暇付与義務に係る違反

Q15 使用者による年次有給休暇の付与義務に関する罰則は、どのようなものですか。

Answer.

使用者が年次有給休暇の付与義務に違反した場合、30万円以下の罰金となる場合があります（改正法39条7項、120条）。

【解説】

労働基準法改正により、年次有給休暇の付与日数が10日以上である労働者にて愛し、年次有給休暇のうち5日については、基準日から1年以内の期間に労働者ごとにその時季を指定しなければなりません（改正法39条7項、詳細は第2章3を参照）。

かかる義務に違反した場合、労働基準法第120条により、30万円以下の罰金に処せられることがあります。

なお、労働基準法第39条違反は、第7項以外については第119条により6カ月以内の懲役又は30万円以下の罰金とされているところ、第39条第7項は罰金刑のみに軽減されていますが、刑事罰の適用があることには変わりがなく、留意が必要です。

（弁護士　結城　優）

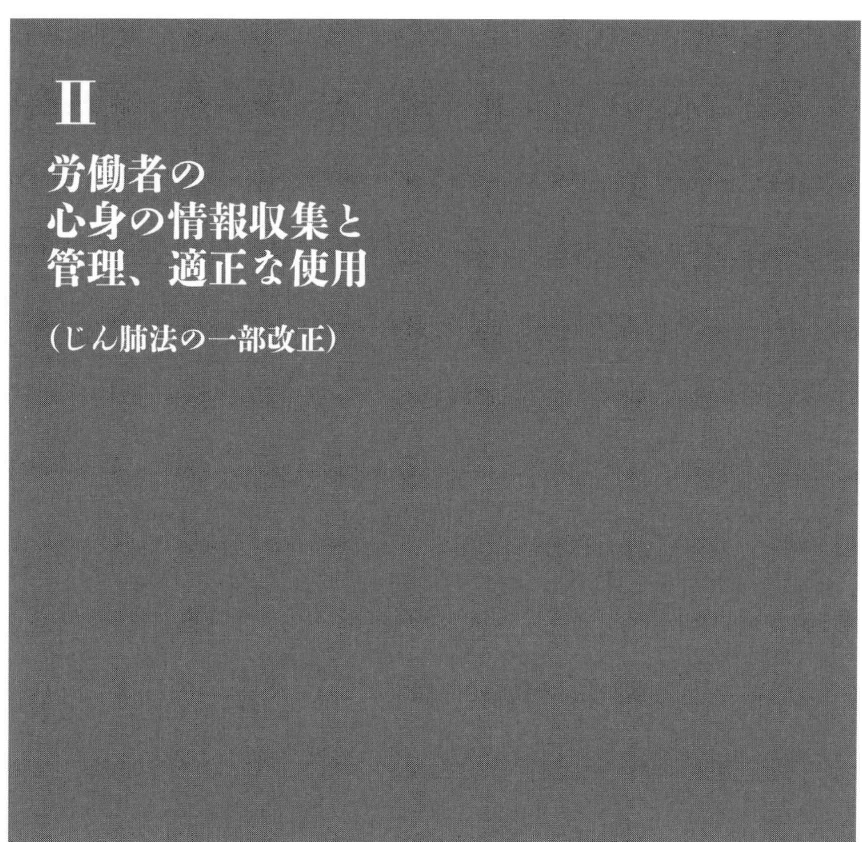

▶ じん肺法の改正内容

Q16 働き方改革によって、じん肺法は
どのように改正されたのでしょうか。

Answer.

働き方改革を推進するための関係法律の整備に関する法律（以下、「働き方改革法」という）によって、労働者の健康情報の取扱いを適切に行うための規定整備が労働安全衛生法において行われましたが、これと同様の趣旨の改正がじん肺法においても行われました。

【解説】

働き方改革法によって、労働安全衛生法が改正されましたが（詳細はⅣ参照）、同法で行われた労働者の健康情報の取扱いを適切に行うための規定整備が、じん肺法においても行われました。

具体的な改正条項（新設）は、次のとおりです。

（心身の状態に関する情報の取扱い）

第三十五条の三　事業者は、この法律又はこれに基づく命令の規定による措置の実施に関し、労働者の心身の状態に関する情報を収集し、保管し、又は使用するに当たつては、労働者の健康の確保に必要な範囲内で労働者の心身の状態に関する情報を収集し、並びに当該収集の目的の範囲内でこれを保管し、及び使用しなければならない。ただし、本人の同意がある場合その他正当な事由がある場合は、この限りでない。

2　事業者は、労働者の心身の状態に関する情報を適正に管理するために必要な措置を講じなければならない。

3　厚生労働大臣は、前二項の規定により事業者が講ずべき措置の適切かつ有効な実施を図るため必要な指針を公表するものとする。

4　厚生労働大臣は、前項の指針を公表した場合において必要があると認めるときは、事業者又はその団体に対し、当該指針に関し必要な指導等を行うことができる。

じん肺法に基づく措置の実施に関し、事業者は労働者の心身の状態に関する情報を収集・保管することになりますが、今回の改正ではこの収集等に関し制限が設けられ、「労働者の健康の確保に必要な範囲内で労働者の心身の状態に関する情報を収集し、並びに当該収集の目的の範囲内でこれを保管し、及び使用しなければならない」とされました。

ただし、本人の同意がある場合、その他正当な事由がある場合はこの限りではありません。

○ 企業の実務対応

本改正に従って、事業者は労働者の心身の情報に関する情報を適正に管理するための措置を講ずる必要があります。

（弁護士　村木 高志）

▶改正法の施行日、事業者の準備

Q17 改正じん肺法の施行日はいつですか。また事業者は、どのような準備をすればよいのでしょうか。

Answer.

施行日は平成 31（2019）年 4 月 1 日です。

また、事業者としては、改正後の労働安全衛生法第 104 条第 3 項及びじん肺法第 35 条の 3 第 3 項に基づく指針に従って準備をする必要があります。

【解説】

まず、改正じん肺法の施行日は、平成 31（2019）年 4 月 1 日とされています。

また、心身の状態に関する情報は、そのほとんどが個人情報の保護に関する法律第 2 条第 3 項に規定される「要配慮個人情報」に該当する情報であるため、事業者は、労働者の心身の状態の情報を収集して、健康確保措置を十全に行えるようにするために、関係法令に則ったうえで、心身の状態の情報が適切に取り扱うことが必要であり、当該事業場における心身の状態の情報の適切な取扱いのための規程（取扱規程）の策定による明確化が必要となります。

そのために、事業者は、改正後の労働安全衛生法第 104 条第 3 項及びじん肺法第 35 条の 3 第 3 項に基づき公表された「労働者の心身の状態に関する情報の適正な取扱いのための事業者講ずる措置に関する指針」に従って、取扱規程を策定して、事業場の状況に応じて適切に運用していくような準備をしていくことが必要となります。

なお、上記指針においては、「心身の状態の情報の取扱いに関する原則」として、心身の状態の情報を取り扱う目的、取扱規程に定めるべき事項、取扱規程の策定の方法、心身の状態の情報の適正な取扱いのための体制の整備、心身の状態の情報の収集に際しての本人同意の取得、取扱規程の運用、労働者に対する不利益な取扱いの防止、心身の状態の情報の取扱いに係る労働安全衛生法令等の整理などの関する事項が挙げられています。

また、「心身の状態の情報の適正管理」として、心身の状態の情報の適正管理のための規程で定めるべき事項、心身の状態の情報の開示等に関する事項、小規模事業場における留意事項などが示されています。

○ 企業の実務対応

事業者は、上記指針を参照して、まずは取扱規程を検討・作成して、施行日までに事業場としての準備を進めていく必要があります。

（弁護士　村木 高志）

労働者の心身の状態に関する情報の適正な取扱いのために事業者が講ずべき措置に関する指針

平成30年9月7日労働者の心身の状態に関する情報の適正な取扱い指針公示第1号

1　趣旨・総論

事業者が、労働安全衛生法（昭和47年法律第57号）に基づき実施する健康診断等の健康を確保するための措置（以下「健康確保措置」という。）や任意に行う労働者の健康管理活動を通じて得た労働者の心身の状態に関する情報（以下「心身の状態の情報」という。）については、そのほとんどが個人情報の保護に関する法律（平成15年法律第57号）第2条第3項に規定する「要配慮個人情報」に該当する機微な情報である。そのため、事業場において、労働者が雇用管理において自身にとって不利益な取扱いを受けるという不安を抱くことなく、安心して産業医等による健康相談等を受けられるようにするとともに、事業者が必要な心身の状態の情報を収集して、労働者の健康確保措置を十全に行えるようにするためには、関係法令に則った上で、心身の状態の情報が適切に取り扱われることが必要であることから、事業者が、当該事業場における心身の状態の情報の適正な取扱いのための規程（以下「取扱規程」という。）を策定することによる当該取扱いの明確化が必要である。こうした背景の下、労働安全衛生法第104条第3項及びじん肺法(昭和35年法律第30号)第35条の3第3項に基づき公表する本指針は、心身の状態の情報の取扱いに関する原則を明らかにしつつ、事業者が策定すべき取扱規程の内容、策定の方法、運用等について定めたものである。

その上で、取扱規程については、健康確保措置に必要な心身の状態の情報の範囲が労働者の業務内容等によって異なり、また、事業場の状況に応じて適切に運用されることが重要であることから、本指針に示す原則を踏まえて、事業場ごとに衛生委員会又は安全衛生委員会（以下「衛生委員会等」という。）を活用して労使関与の下で、その内容を検討して定め、その運用を図る必要がある。

なお、本指針に示す内容は、事業場における心身の状態の情報の取扱いに関する原則である。このため、事業者は、当該事業場の状況に応じて、心身の状態の情報が適切に取り扱われるようその趣旨を踏まえつつ、本指針に示す内容とは異なる取扱いを行うことも可能である。しかしながら、その場合は、労働者に、当該事業場における心身の状態の情報を取り扱う方法及び当該取扱いを採用する理由を説明した上で行う必要がある。

2　心身の状態の情報の取扱いに関する原則

(1) 心身の状態の情報を取り扱う目的

事業者が心身の状態の情報を取り扱う目的は、労働者の健康確保措置の実施や事業者が負う民事上の安全配慮義務の履行であり、そのために必要な心身の状態の情報を適正に収集し、活用する必要がある。

一方、労働者の個人情報を保護する観点から、現行制度においては、事業者が心身の状態の情報を取り扱えるのは、労働安全衛生法令及びその他の法令に基づく場合や本人が同意している場合のほか、労働者の生命、身体の保護のために必要がある場合であって、本人の同意を得ることが困難であるとき等とされているので、上記の目的に即して、適正に取り扱われる必要がある。

(2) 取扱規程を定める目的

心身の状態の情報が、労働者の健康確保措置の実施や事業者が負う民事上の安全配慮義務の履行の目的の範囲内で適正に使用され、事業者による労働者の健康確保措置が十全に行われるよう、事業者は、当該事業場における取扱規程を定め、労使で共有することが必要である。

(3) 取扱規程に定めるべき事項

取扱規程に定めるべき事項は、具体的には以下のものが考えられる。

① 心身の状態の情報を取り扱う目的及び取扱方法

② 心身の状態の情報を取り扱う者及びその権限並びに取り扱う心身の状態の情報の範囲

③ 心身の状態の情報を取り扱う目的等の通知方法及び本人同意の取得方法

④ 心身の状態の情報の適正管理の方法

⑤ 心身の状態の情報の開示、訂正等（追加及び削除を含む。以下同じ。）及び使用停止等（消去及び第三者への提供の停止を含む。以下同じ。）の方法

⑥ 心身の状態の情報の第三者提供の方法

⑦ 事業承継、組織変更に伴う心身の状態の情報の引継ぎに関する事項

⑧ 心身の状態の情報の取扱いに関する苦情の処理

⑨ 取扱規程の労働者への周知の方法

なお、②については、個々の事業場における心身の状態の情報を取り扱う目的や取り扱う体制等の状況に応じて、部署や職種ごとに、その権限及び取り扱う心身の状態の情報の範囲等を定めることが適切である。

(4) 取扱規程の策定の方法

事業者は、取扱規程の策定に当たっては、衛生委員会等を活用して労使関与の下で検討し、策定したものを労働者と共有することが必要である。この共有の方法については、就業規則その他の社内規程等により定め、当該文書を常時作業場の見やすい場所に掲示し、又は備え付ける、イントラネットに掲載を行う等の方法により周知することが考えられる。

なお、衛生委員会等を設置する義務がない常時50人未満の労働者を使用する事業場（以下「小規模事業場」という。）においては、事業者は、必要に応じて労働安全衛生規則（昭和47年労働省令第32号）第23条の2に定める関係労働者の意見を聴く機会を活用する等により、労働者の意見を聴いた上で取扱規程を策定し、労働者と共有することが必要である。

また、取扱規程を検討又は策定する単位については、当該企業及び事業場の実情を踏まえ、事業場単位ではなく、企業単位とすることも考えられる。

(5) 心身の状態の情報の適正な取扱いのための体制の整備

心身の状態の情報の取扱いに当たっては、情報を適切に管理するための組織面、技術面等での措置を講じることが必要である。

(9) の表の右欄に掲げる心身の状態の情報の取扱いの原則のうち、特に心身の状態の情報の加工に係るものについては、主に、医療職種を配置している事業場での実施を想定しているものである。

なお、健康診断の結果等の記録については、事業者の責任の下で、健康診断を実施した医療機関等と連携して加工や保存を行うことも考えられるが、その場合においても、取扱規程においてその取扱いを定めた上で、健康確保措置を講じるために必要な心身の状態の情報は、事業者等が把握し得る状態に置く等の対応が必要である。

(6) 心身の状態の情報の収集に際しての本人同意の取得

(9) の表の①及び②に分類される、労働安全衛生法令において労働者本人の同意を得なくても収集することのできる心身の状態の情報であっても、取り扱う目的及び取扱方法等について、労働者に周知した上で収集することが必要である。また、(9) の表の②に分類される心身の状態の情報を事業者等が収集する際には、取り扱う目的及び取扱方法等について労働者の十分な理解を得ることが望ましく、取扱規程に定めた上で、例えば、健康診断の事業者等からの受診案内等にあらかじめ記載する等の方法により労働者に通知することが考えられる。さらに、(9) の表の③に分類される心身の状態の情報を事業者等が収集する際には、個人情報の保護に関する法律第17条第2項に基づき、労働者本人の同意を得なければならない。

(7) 取扱規程の運用

事業者は、取扱規程について、心身の状態の情報を取り扱う者等の関係者に教育し、その運用が適切に行われるようにするとともに、適宜、その運用状況を確認し、取扱規程の見直し等の措置を行うことが必要である。

取扱規程の運用が適切に行われていないことが明らかになった場合は、事業者は労働者にその旨を説明するとともに、再発防止に取り組むことが必要である。

(8) 労働者に対する不利益な取扱いの防止

事業者は、心身の状態の情報の取扱いに労働者が同意しないことを理由として、又は、労働者の健康確保措置及び民事上の安全配慮義務の履行に必要な範囲を超えて、当該労働者に対して不利益な取扱いを行うことはあってはならない。

以下に掲げる不利益な取扱いを行うことは、一般的に合理的なものとはいえないので、事業者は、原則としてこれを行ってはならない。なお、不利益な取扱いの理由が以下に掲げるもの以外のものであったとしても、実質的に以下に掲げるものに該当する場合には、当該不利益な取扱いについても、行ってはならない。

① 心身の状態の情報に基づく就業上の措置の実施に当たり、例えば、健康診断後に医師の意見を聴取する等の労働安全衛生法令上求められる適切な手順に従わないなど、不利益な取扱いを行うこと。

② 心身の状態の情報に基づく就業上の措置の実施に当たり、当該措置の内容・程度が聴取した医師の意見と著しく異なる等、医師の意見を勘案し必要と認められる範囲内となっていないもの又は労働者の実情が考慮されていないもの等の労働安全衛生法令上求められる要件を満たさない内容の不利益な取扱いを行うこと。

③ 心身の状態の情報の取扱いに労働者が同意しないことや心身の状態の情報

の内容を理由として、以下の措置を行うこと。

(a) 解雇すること

(b) 期間を定めて雇用される者について契約の更新をしないこと

(c) 退職勧奨を行うこと

(d) 不当な動機・目的をもってなされたと判断されるような配置転換又は職位（役職）の変更を命じること

(e) その他労働契約法等の労働関係法令に違反する措置を講じること

(9) 心身の状態の情報の取扱いの原則（情報の性質による分類）

心身の状態の情報の取扱いを担当する者及びその権限並びに取り扱う心身の状態の情報の範囲等の、事業場における取扱いの原則について、労働安全衛生法令及び心身の状態の情報の取扱いに関する規定がある関係法令の整理を踏まえて分類すると、次の表のとおりとなる。

心身の状態の情報の分類	左欄の分類に該当する心身の状態の情報の例	心身の状態の情報の取扱いの原則
① 労働安全衛生法令に基づき事業者が直接取り扱うこととされており、労働安全衛生法令に定める義務を履行するために、事業者が必ず取り扱わなければならない心身の状態の情報	(a) 健康診断の受診・未受診の情報 (b) 長時間労働者による面接指導の申出の有無 (c) ストレスチェックの結果、高ストレスと判定された者による面接指導の申出の有無 (d) 健康診断の事後措置について医師から聴取した意見 (e) 長時間労働者に対する面接指導の事後措置について医師から聴取した意見	全ての情報をその取扱いの目的の達成に必要な範囲を踏まえて、事業者等が取り扱う必要がある。 ただし、それらに付随する健康診断の結果等の心身の状態の情報については、②の取扱いの原則に従って取り扱う必要がある。

	(f) ストレスチェックの結果、高ストレスと判定された者に対する面接指導の事後措置について医師から聴取した意見	
②　労働安全衛生法令に基づき事業者が労働者本人の同意を得ずに収集することが可能であるが、事業場ごとの取扱規程により事業者等の内部における適正な取扱いを定めて運用することが適当である心身の状態の情報	(a) 健康診断の結果（法定の項目） (b) 健康診断の再検査の結果（法定の項目と同一のものに限る。） (c) 長時間労働者に対する面接指導の結果 (d) ストレスチェックの結果、高ストレスと判定された者に対する面接指導の結果	事業者等は、当該情報の取扱いの目的の達成に必要な範囲を踏まえて、取り扱うことが適切である。そのため、事業場の状況に応じて、 ・情報を取り扱う者を制限する ・情報を加工する 等、事業者等の内部における適切な取扱いを取扱規程に定め、また、当該取扱いの目的及び方法等について労働者が十分に認識できるよう、丁寧な説明を行う等の当該取扱いに対する労働者の納得性を高める措置を講じた上で、取扱規程を運用する必要がある。
③　労働安全衛生法令において事業者が直接取り扱うことについて規	(a) 健康診断の結果（法定外項目） (b) 保健指導の結果	個人情報の保護に関する法律に基づく適切な取扱いを確保するため、事

定されていないため、あらかじめ労働者本人の同意を得ることが必要であり、事業場ごとの取扱規程により事業者等の内部における適正な取扱いを定めて運用することが必要である心身の状態の情報	(c) 健康診断の再検査の結果（法定の項目と同一のものを除く。） (d) 健康診断の精密検査の結果 (e) 健康相談の結果 (f) がん検診の結果 (g) 職場復帰のための面接指導の結果 (h) 治療と仕事の両立支援等のための医師の意見書 (i) 通院状況等疾病管理のための情報	業場ごとの取扱規程に則った対応を講じる必要がある。

※　②の心身の状態の情報について、労働安全衛生法令に基づき行われた健康診断の結果のうち、特定健康診査及び特定保健指導の実施に関する基準（平成19年厚生労働省令第157号）第2条各号に掲げる項目については、高齢者の医療の確保に関する法律（昭和57年法律第80号）第27条第3項の規定により、事業者は保険者の求めに応じて健康診断の結果を提供しなければならないこととされているため、労働者本人の同意を得ずに事業者から保険者に提供できる。

③の心身の状態の情報について、「あらかじめ労働者本人の同意を得ることが必要」としているが、個人情報の保護に関する法律第17条第2項各号に該当する場合は、あらかじめ労働者本人の同意は不要である。また、労働者本人が自発的に事業者に提出した心身の状態の情報については、「あらかじめ労働者本人の同意」を得たものと解されるが、当該情報について事業者等が医療機関等に直接問い合わせる場合には、別途、労働者本人の同意を得る必要がある。

(10) 小規模事業場における取扱い

小規模事業場においては、産業保健業務従事者の配置が不十分である等、(9)

の原則に基づいた十分な措置を講じるための体制を整備することが困難な場合にも、事業場の体制に応じて合理的な措置を講じることが必要である。

この場合、事業場ごとに心身の状態の情報の取扱いの目的の達成に必要な範囲で取扱規程を定めるとともに、特に、(9) の表の②に該当する心身の状態の情報の取扱いについては、衛生推進者を選任している場合は、衛生推進者に取り扱わせる方法や、取扱規程に基づき適切に取り扱うことを条件に、取り扱う心身の状態の情報を制限せずに事業者自らが直接取り扱う方法等が考えられる。

3　心身の状態の情報の適正管理

(1) 心身の状態の情報の適正管理のための規程

心身の状態の情報の適正管理のために事業者が講ずべき措置としては以下のものが挙げられる。これらの措置は個人情報の保護に関する法律において規定されているものであり、事業場ごとの実情を考慮して、適切に運用する必要がある。

① 心身の状態の情報を必要な範囲において正確・最新に保つための措置

② 心身の状態の情報の漏えい、滅失、改ざん等の防止のための措置（心身の状態の情報の取扱いに係る組織的体制の整備、正当な権限を有しない者からのアクセス防止のための措置等）

③ 保管の必要がなくなった心身の状態の情報の適切な消去等

このため、心身の状態の情報の適正管理に係る措置については、これらの事項を踏まえ、事業場ごとに取扱規程に定める必要がある。

なお、特に心身の状態の情報の適正管理については、企業や事業場ごとの体制、整備等を個別に勘案し、その運用の一部又は全部を本社事業場において一括して行うことも考えられる。

(2) 心身の状態の情報の開示等

労働者が有する、本人に関する心身の状態の情報の開示や必要な訂正等、使用停止等を事業者に請求する権利についても、ほとんどの心身の状態の情報が、機密性が高い情報であることに鑑みて適切に対応する必要がある。

(3) 小規模事業場における留意事項

小規模事業者においては、「個人情報の保護に関する法律についてのガイドライン（通則編）」（平成28年個人情報保護委員会告示第6号）の「8（別添）講ずべき安全管理措置の内容」も参照しつつ、取り扱う心身の状態の情報の数量及び心身の状態の情報を取り扱う労働者数が一定程度にとどまること等を踏まえ、円滑にその義務を履行し得るような手法とすることが適当である。

4　定義

本指針において、以下に掲げる用語の意味は、それぞれ次に定めるところによる。

① 心身の状態の情報

事業場で取り扱う心身の状態の情報は、労働安全衛生法第66条第1項に基づく健康

診断等の健康確保措置や任意に行う労働者の健康管理活動を通じて得た情報であり、このうち個人情報の保護に関する法律第2条第3項に規定する「要配慮個人情報」に該当するものについては、「雇用管理分野における個人情報のうち健康情報を取り扱うに当たっての留意事項について」（平成29年5月29日付け基発0529第3号）の「健康情報」と同義である。

なお、その分類は2（9）の表の左欄に、その例示は同表の中欄にそれぞれ掲げるとおりである。

② 心身の状態の情報の取扱い

心身の状態の情報に係る収集から保管、使用（第三者提供を含む。）、消去までの一連の措置をいう。なお、本指針における「使用」は、個人情報の保護に関する法律における「利用」に該当する。

③ 心身の状態の情報の適正管理

心身の状態の情報の「保管」のうち、事業者等が取り扱う心身の状態の情報の適正な管理に当たって事業者が講ずる措置をいう。

④ 心身の状態の情報の加工

心身の状態の情報の他者への提供に当たり、提供する情報の内容を健康診断の結果等の記録自体ではなく、所見の有無や検査結果を踏まえた就業上の措置に係る医師の意見に置き換えるなど、心身の状態の情報の取扱いの目的の達成に必要な範囲内で使用されるように変換することをいう。

⑤ 事業者等

労働安全衛生法に定める事業者（法人企業であれば当該法人、個人企業であれば事業経営主を指す。）に加え、事業者が行う労働者の健康確保措置の実

施や事業者が負う民事上の安全配慮義務の履行のために、心身の状態の情報を取り扱う人事に関して直接の権限を持つ監督的地位にある者、産業保健業務従事者及び管理監督者等を含む。

なお、2 (3) ②における「心身の状態の情報を取り扱う者及びその権限並びに取り扱う心身の状態の情報の範囲」とは、これらの者ごとの権限等を指す。

⑥　医療職種

医師、保健師等、法律において、業務上知り得た人の秘密について守秘義務規定が設けられている職種をいう。

⑦　産業保健業務従事者

医療職種や衛生管理者その他の労働者の健康管理に関する業務に従事する者をいう。

労働者の職業の安定と地位向上のための国の施策と事業主の責務

（雇用対策法の一部改正）

▶ 改正雇用対策法の名称変更と目的・理念

Q18 今回の改正により、
雇用対策法はその名称が変更されるそうですが、
法律の目的や理念が変更されるのでしょうか。

Answer.

今回の改正により、雇用対策法は、その名称が、「労働施策の総合的な推進並びに労働者の雇用の安定及び職業生活の充実等に関する法律」に変更されました。

法律の目的については、「労働者の多様な事情に応じた雇用の安定及び職業生活の充実並びに労働生産性の向上を促進」することが新たに加えられました（改正法１条）。

また、基本的理念として、労働者に対して配慮されるべき内容が、改正法第３条第２項にて追記されています。

【解説】

1. 法律名の変更

雇用対策法は、国の雇用政策の基本方針等を明らかにした法律で、労働力需給の均衡促進を目的とするものです。平成19年には、人口減少社会を意識して大改正がなされましたが、今回の働き方改革による改正に伴い、雇用対策法を改正したうえで、働き方改革の理念を示す基本法に衣替えすることが労働政策審議会職業安定分科会で提唱されました。

そして、平成29年9月1日の職業安定分科会において、雇用対策法の改正案が示され、これに従い、その名称が、「労働施策の総合的な推進並びに労働者の雇用の安定及び職業生活の充実等に関する法律」に変更されることになりました。

これは、雇用に限らず、広く労働政策につき、同法にて基本方針を明らかにしようとする趣旨によるものです。

2. 目的規定の改正

改正法第１条では、「この法律は、国が、少子高齢化による人口構造の変化等の経済社会情勢の変化に対応して、労働に関し、その政策全般にわたり、必要な施策を総合的に講ずることにより、労働市場の機能が適切に発揮され、労働者の多様な事情に応じた雇用の安定及び職業生活の充実並びに労働生産性の向上を促進して、労働者がその有する能力を有効に発揮することができるようにし、これを通じて、労働者の職業の安定と経済的社会的地位の向上とを図るとともに、経済及び社会の発展並びに完全雇用の達成に資することを目的とする。」と規定されました（下線部分は筆者）。

上記下線部分が改正箇所であり、前段の下線部分に関して、改正前の雇用対策法では、「雇用」に関して必要な施策を総合的に講じて職業の安定を図る旨規定されていました。

改正法では、これを更に広く「労働」に関して必要な施策を総合的に講じるという形に改められています。

また、後段の下線部分について、改正前の雇用対策法では、「労働力の需給が質量両面にわたり均衡すること」と定められていましたが、改正法では、職業に就く機会を確保するという職業の安定に加えて、生活面も含めた職業生活の安定に関して施策を講じることを目的に加えています。

さらに、経済成長を継続するには、多様な労働力の参加が必要であること、労働生産性を高めることが必要であるとして、目的規定においてそれらが加えられています。

3. 基本的理念規定の改正

上記のような法の目的を踏まえ、労働者に対する必要な配慮として、改正法第３条第２項では、「労働者は、職務の内容及び職務に必要な能力、経験その他の職務遂行上必要な事項…の内容が明らかにされ、並びにこれらに即した評価方法により能力等を公正に評価され、当該評価に基づく処遇を受けることその他の適切な処遇を確保するための措置が効果的に実施されることにより、その職業の安定が図られるように配慮されるものとする。」と新たに規定されました。

ここで提唱されている「能力等を公正に評価され、当該評価に基づく処遇を受けることその他の適切な処遇を確保する」ことは、国の人事考課に向けたスタンスであり、裁判所における合理的意思解釈の判断要素となり得るものです。私法上の公正評価義務に関する議論（岩出誠『労働法実務大系』（民事法研究会、平成27年）208頁以下参照）にも影響を与えることがあり得るところで、今後の影響に注視すべきです。

（弁護士　織田 康嗣）

Q19 雇用対策法の改正により、国が行うべき施策にも変化があったのでしょうか。

Answer.

国が講じなければならない施策として、ワークライフバランス、労働時間の短縮その他の労働条件の改善、多様な就業形態の普及、異なる雇用形態等の労働者間の均衡待遇、子の養育・家族介護を行う労働者の就業支援、傷病の治療を受ける労働者等の就労支援などが追加されました（改正法4条）。

また、新たに、国が、労働者がその有する能力を有効に発揮することができるようにするために必要な労働に関する施策の基本方針を定めることになりました（改正法10条）。

【解説】

1. 国の施策の改正

改正前の雇用対策法では、たとえば、職業指導や職業紹介に関する施策を充実すること、高年齢者の再就職の促進や多様な就業機会の確保など、法の目的を達成するために国が講じるべき施策が列挙されていました。

今回の改正では、職業生活の充実の観点から、それに追記される形で、国の施策の改正がなされています。

具体的には、以下の①、③が新しく定められ、②については、改正前から定められていた内容に、子の養育・家族介護を行う労働者について追加される等して改正がなされました。

① 各人が生活との調和を保ちつつその意欲及び能力に応じて就業することを促進するため、労働時間の短縮その他の労働条件の改善、多様な就業形態の普及及び雇用形態又は就業形態の異なる労働者の間の均衡のとれた待遇の確保に関する施策を充実すること（改正法4条1号）

② 女性の職業及び子の養育又は家族の介護を行う者の職業の安定を図るため、雇用の継続、円滑な再就職の促進、母子家庭の母及び父子家庭の父並びに寡婦の雇用の促進その他のこれらの者の就業を促進するために必要な施策を充実すること（改正法4条6号）

③ 疾病、負傷その他の理由により治療を受ける者の職業の安定を図るため、雇用の継続、離職を余儀なくされる労働者の円滑な再就職の促進その他の治療の状況に応じた就業を促進するために必要な施策を充実すること（改正法4条9号）

なお、同条は、国の施策をインデックス的に示すものであって、直接事業主に対して義務を課したり、助成措置を設けたりするものではありません（菅野和夫『労働法〔第11版補正版〕』［有斐閣、平成29年］55頁参照）。

2. 基本方針の策定・実施

改正法では、新たに、国が、労働者がその有する能力を有効に発揮することができるようにするために必要な労働に関する施策の総合的な推進に関する基本方針を定めることになりました（改正法10条1項）。

厚生労働大臣は、基本方針の案を作成し、閣議の決定を求めなければならず（改正法10条3項）、基本方針の案を作成しようとするときには、あらかじめ、都道府県知事の意見を求めるとともに、労働政策審議会の意見を聴かなければなりません（改正法10条4項）。

厚生労働大臣は、基本方針の案を作成するため必要があると認めるときには、関係行政機関の長に対し、資料の提出その他必要な協力を求めることが出来ます（改正法10条6項）。

また、国は、労働に関する施策をめぐる経済社会情勢の変化を勘案し、基本方針に検討を加え、必要があると認めるときは、これを変更しなければなりません（改正法10条7号）。

3. 影響

前述のとおり、改正法においては、国が講ずべき施策として、「多様な就業形態の普及」に関する施策を充実することが挙げられています。これに「非雇用型の就業」も含まれるとすれば、国の施策として、「非雇用型の就業」を奨励することになるのではないかとの意見があります（働き方改革実行計画においても、「柔軟な働き方がしやすい環境整備」として、「非雇用型テレワークのガイドライン刷新と働き手の支援」ということが挙げられています）。

今回の雇用対策法の改正は、働き方改革関連の法改正に対応した最小限の改正ではなく、Q18でも述べたとおり、目的規定にも大幅な変更が加えられており、これまでの労働政策を大きく変える可能性があるといえるでしょう。

（弁護士　織田 康嗣）

▶事業者の責務

Q20 雇用対策法の改正により、事業主の責務に関して、変更点はあったのでしょうか。

Answer.

改正前の雇用対策法においても定められていた事業主の責務について、新たに、「雇用する労働者の労働時間の短縮その他の労働条件の改善その他の労働者が生活との調和を保ちつつその意欲及び能力に応じて就業することができる環境の整備」が追加されました（改正法6条1項）。

【解説】

事業主の責務に関しては、改正前の雇用対策法第6条にて既に定めがありますが（「事業主は、事業規模の縮小等に伴い離職を余儀なくされる労働者について、当該労働者が行う求職活動に対する援助その他の再就職を行うことにより、その職業の安定を図るように努めなければならない。」）、今回の法改正では、これに、事業主の責務を新しく1つ加える形で改正がされました。

ただし、これは事業者に対して新たに義務を創設するものではなく、むしろ、各法律によって、既に存在している責務を確認的に規定する趣旨だと解されます（たとえば、ワークライフバランスに関して、労働契約法第3条第3項では、「労働契約は、労働者及び使用者が仕事と生活の調和にも配慮しつつ締結し、又は変更すべきものとする。」と定められているなど、既に各法律によって、その趣旨が盛り込まれています）。

なお、改正法においても、事業主の具体的な義務として、労働者の募集及び採用について、年齢にかかわりない均等な機会を与えなければならないこと（改正法9条）、事業縮小等に関して、再就職援助計画の作成をしなければならないこと（改正法24条1項）、外国人の雇入れ及び離職について届出をしなければならないこと（改正法28条1項）が定められていますが、これらは改正前の雇用対策法から変更はありません。

（弁護士　織田 康嗣）

Ⅳ
面接指導等の徹底と産業医制度の活用
（労働安全衛生法の一部改正）

▶ 医師による面接指導

Q21 医師による面接指導等は、
いかなる労働者に対して実施すればよいのですか？

Answer.

改正前の労働安全衛生法（以下「安衛法」という）では、一定の要件を満たした労働者のうち、面接指導の申出を受けた場合にのみ、面接指導の実施義務が生じましたが、改正法では、研究開発業務従事者、高度プロフェッショナル制度の対象労働者に対し、その申出にかかわりなく、面接指導等を実施しなければならないことになりました。

【解説】

1. 改正前の面接指導の概要

改正前の安衛法では、おおむね「週40時間を超える労働が1月当たりで100時間を超え、かつ、疲労の蓄積が認められるときで、労働者の申出がある場合」に、当該労働者に対し、事業者は、医師による面接指導を行わなければならないと定められていました(改正前安衛法66条の8第1項、労働安全衛生規則（以下「安衛則」という）52条の2第1項)。

このように、改正前の安衛法においては、法律上医師による面接指導の実施義務が生じるのは、労働者からの申出があった場合のみでした。

2. 面接指導実施義務のある労働者

改正後の安衛法では、以下のとおり、労働者からの申出の有無にかかわらず、面接指導義務が生じる労働者が新たに定められました。

① 新技術・新商品等の研究開発業務従事者

第1に、新たな技術、商品又は役務の研究開発に係る業務に従事する労働者で、その労働時間が労働者の健康の保持を考慮して、休憩時間を除き1週間当たり40時間を超えて労働させた場合におけるその超えた時間について、1月当たり100時間を超える場合です（改正安衛法66条の8の2第1項、改正労基法36条第11項、改正安衛則52条の7の2第1項）。

今回の働き方改革によって、時間外労働の上限規制が設けられましたが、新技術・新商品等の研究開発業務従事者に関しては、その適用除外とされています（改正労基法36条11項）。そのため、当該業務に従事する労働者の健康確保措置として、医師による面接指導が義務化されました。

② 特定高度専門業務・成果型労働制の対象労働者

第2に、今回の働き方改革によって労基法に新設された、高度プロフェッショナル制度の対象労働者で、その健康管理時間が当該労働者の健康の保持を考慮して、休憩時間を除き1週間当たり40時間を超えて労働させた場合におけるその超えた時間について、1月当たり100時間を超える場合です（改正安衛法66条の8の4第1項）。

ここでいう「健康管理時間」とは、対象労働者が事業場内にいた時間と事業場外において労働した時間との合計時間を意味します（改正安衛法66条の8の4第1項、改正労基法41条の2第1項3号）。

高度プロフェッショナル制度は、労働時間、休憩、休日及び深夜割増賃金に関する規定を適用除外とする制度であることから、過重労働により労働者の健康を害さないよう、健康確保措置として面接指導が義務化されました。

3. 面接指導の要件の厳格化

今回の働き方改革によって、上記のように、労働者からの申出の有無にかかわらず、面接指導義務が生じる労働者が規定されましたが、それ以外の場合についても、面接指導の要件が厳格化されています。

すなわち、労働者からの申出によって面接指導を行う義務が生じる場合について、改正前の安衛法及び安衛則では、前記のとおり、「週40時間を超える労働が1月当たりで100時間を超え、かつ、疲労の蓄積が認められるとき」と定められていましたが、これが、「休憩時間を除き1週間当たり40時間を超えて労働させた場合におけるその超えた時間が1月当たり80時間を超え、かつ、疲労の蓄積が認められる」場合（改正安衛則52条の2第1項）に変更されました。

4. 労働時間の把握

なお、今回の法改正により、高度プロフェッショナル制度の対象労働者を除き、面接指導を実施するために、タイムカード及びパーソナルコンピュータ等の電子計算機による記録等の客観的な方法その他適切な方法により、労働者の労働時間の状況を把握しなければならないことが定められました（改正安衛法66条の8の3、改正安衛則52条の7の3第1項）。

従前から、厚労省の「労働時間の適正な把握のために使用者が講ずべき措置に関するガイドライン」にて、労働時間の把握方法等が定められていましたが、今回の改正により、法律上も労働時間の把握義務が明らかとされました。

○ 企業の実務対応

労働者の健康確保を図る観点から、使用者において適正な労働時間管理を行う責務があることは、従前から変わりありませんが、今一度、社内において従業員の労働時間が適正に把握できているか確認することが必要です。

（弁護士　織田 康嗣）

▶面接指導義務違反

Q22 面接指導義務に違反した場合はどうなるのでしょうか？

Answer.

事業者が労働者に面接指導を受けさせる義務に違反した場合には、50万円以下の罰金に処されます（改正安衛法120条1号）。

【解説】

前述の面接指導を受けさせる義務を順守させるため、改正法においては、同義務に違反した場合の罰則が設けられました。

また、過労死等の民事賠償事案発生の際、面接指導を受けさせる義務を順守していたからといって、当然に免責されることはありませんが、少なくとも、これを遵守していなければ容易に健康配慮義務違反を問われる可能性が高くなると言えます（岩出誠『労働法実務大系』（平成27年、民事法研究会、平成27年）486頁参照）。

したがって、罰則を回避することはもちろん、民事上の賠償リスクを回避するためにも、事業者は、労働者に対し、適切に面接指導を受けさせる必要があります。

（弁護士　織田 康嗣）

▶ 産業医への情報提供

Q23 事業者が産業医に対して、提供しなければならない情報はあるのでしょうか？

Answer.

事業者は、産業医に対し、①健康診断や面接指導後の就業上の措置の内容等、②残業時間等が１月当たり 80 時間を超えた労働者の氏名及び当該労働者に係る超えた時間に関する情報、③その他労働者の業務に関する情報であって産業医が労働者の健康管理等を適切に実施するために必要と認めるものを提供しなければなりません。

【解説】

1. 産業医・産業保健機能の強化の必要性

産業医制度は、事業場において、労働者の健康を保持するための措置、作業環境の維持管理、作業の管理、健康管理、健康教育等及び衛生教育に関すること等を行う者として、必要な能力を有する医師を選任し、これらの事項を行わせる制度です。

しかしながら、近時では、過労死等の防止対策や、メンタルヘルス対策、治療と仕事の両立支援対策などが課題となってきており、産業医を中心とした産業保健機能の強化が必要になってきています。

安衛法の改正においては、長時間労働やメンタル不調などにより過労死等のリスクが高い状況にある労働者を見逃さないために、産業医による面接指導や健康相談等が確実に実施されるようにし、企業における労働者の健康管理を強化することが図られています（「働き方改革実行計画」参照）。

2. 事業者による情報提供義務

長時間労働者への就業上の措置に対し、産業医が適確に関与するためには、就業上の措置の内容を産業医が適切に把握していることが必要です。

そこで、事業者は、産業医に対し、労働者の労働時間に関する情報その他の産業医が労働者の健康管理等を適切に行うために必要な情報として、以下の情報を提供しなければならないこととなりました（改正安衛法13条4項、改正安衛則14条の2第1項）。

① 健康診断や面接指導後の就業上の措置の内容に関する情報（措置を講じない場合にあっては、その旨及びその理由）

② 休憩時間を除き1週間当たり40時間を超えて労働させた場合におけるその超えた時間が1月当たり80時間を超えた労働者の氏名及び当該労働者に係る超えた時間に関する情報

③ その他労働者の業務に関する情報であって産業医が労働者の健康管理等を適切に実施するために必要と認めるもの

なお、従前から、産業医の選任義務がない事業場においては、労働者の健康管理等を行うのに必要な医学に関する知識を有する医師等に、労働者の健康管理等の全部又は一部を行わせるように努めなければならないこととされていましたが（改正前安衛法13条の2第1項）、今回の改正により、上記の場合は、情報提供義務が努力義務として課されることになりました（改正安衛法13条の2第2項）。

（弁護士　織田 康嗣）

▶ 健康情報の取扱い

Q24 労働者の健康情報の取扱いに関して、改正法での変更点はありますか。

Answer.

安衛法等による措置の実施に関し、労働者の健康の確保に必要な範囲内で、労働者の心身の状態に関する情報を保管・使用しなければならないこと（改正安衛法104条1項）、事業者は、労働者の心身の状態に関する情報を適正に管理するために必要な措置を講じなければならないこと（改正安衛法104条2項）などが新たに定められました。

【解説】

事業者は、医師による面接指導や健康診断の結果等から、労働者の必要な健康情報を取得し、その健康管理を行う必要があります。

労働者の健康情報に関しては、相手に知られたくない情報も多分に含まれますから、労働者が自身の雇用管理上不利益に取り扱われる不安等を払拭し、安心して産業医等による健康相談を受けられる環境を構築する必要があります（労働政策審議会安全衛生分科会「働き方改革実行計画を踏まえた今後の産業医・産業保健機能の強化について（報告）」参照）。

そこで、改正法では、安衛法又は同法に基づく命令の規定による措置の実施に関し、労働者の心身の状態に関する情報を収集し、保管し、又は使用するに当たっては、本人の同意がある場合その他正当な事由がある場合を除き、労働者の健康の確保に必要な範囲内で労働者の心身の状態に関する情報を収集し、並びに当該収集の目的の範囲内でこれを保管し、及び使用しなければならないこと（改正安衛法104条1項）、事業者は、労働者の心身の状態に関する情報を適正に管理するために必要な措置を講じなければならないこと（改正安衛法104条2項）が新たに定められました。

さらに、厚生労働大臣は、労働者の健康情報の適正な取扱いが図られるよう、事業者が講ずべき必要な措置の適切かつ有効な実施を図るために、必要な指針を公表するものとされました（改正安衛法104条3項。既に、平成30年7月25日労働者の心身の状態に関する情報の取扱いの在り方に関する検討会にて、「労働者の心身の状態に関する情報の適正な取扱いのために事業者が講ずべき措置に関する指針（案）」が公表されています）。

そして、厚生労働大臣は、当該指針に従い、必要があると認めるときには、事業者等に対し、当該指針に関して必要な指導等を行うことができるようになりました（改正安衛法104条4項）。

（弁護士　織田 康嗣）

▶ 産業医からの勧告

Q25 産業医から事業者に対する勧告がなされた場合、事業者は何をすればよいのでしょうか。

Answer.

事業者は、産業医の勧告の内容その他の厚生労働省令で定める事項を衛生委員会又は安全衛生委員会に報告する必要があります。また、当該勧告の内容及び当該勧告を踏まえて講じた措置の内容等を記録し、保存しなければなりません。

【解説】

改正前の規定においても、産業医は、労働者の健康を確保するため必要があると認めるときは、事業者に対し、労働者の健康管理等について必要な勧告をすることができると定められていました（改正前安衛法 13 条 3 項）。このとき、産業医の勧告等がなされたことを理由として、産業医に対し、解任その他不利益な取扱いをしないようにしなければならないことも併せて定められていました（改正前安衛則 14 条 4 項）。

しかしながら、産業医の勧告が十分に機能していなかったことを踏まえ、今回の改正では、事業者は、産業医による勧告を尊重しなければならないこと（改正安衛法 13 条 5 項）、事業者が当該勧告を受けた場合には、当該勧告の内容その他の厚生労働省令で定める事項を衛生委員会又は安全衛生委員会に報告しなければならないこと（改正安衛法 13 条 6 項）が加えられました。

産業医による勧告の実効性を確保するためには、その勧告内容が当該事業場の実情等も十分に考慮されたものであること、産業医の勧告内容が事業者に十分に理解され、社内で適切に共有されること等が必要です（労働政策審議会安全衛生分科会「働き方改革実行計画を踏まえた今後の産業医・産業保健機能の強化について（報告）」参照）。

そこで、産業医が勧告をしようとするときには、あらかじめ、当該勧告の内容について、事業者の意見を求めること、事業者が当該勧告を受けたときには、当該勧告の内容及び当該勧告を踏まえて講じた措置の内容等を記録し、保存しなければならないことも併せて規定されました（改正安衛則14条の3第1項、第2項）。

（弁護士　織田 康嗣）

▶ 産業医の活動環境の整備

Q26 産業医の活動環境に関して整備するものはありますか。

Answer.

産業医を選任した事業者は、その事業場における産業医の業務の具体的内容、産業医に対する健康相談の申出の方法、産業医による労働者の心身の状態に関する情報の取扱いの方法について、労働者へ周知しなければいけません。

【解説】

事業者は、過重な長時間労働やメンタルヘルス不調などにより過労死等のリスクが高い労働者を見逃さないために、労働者が安心して健康相談を受けられる仕組みを整備することが必要です。

そこで、改正法では、産業医を選任した事業者は、その事業場における産業医の業務の具体的内容、産業医に対する健康相談の申出の方法、産業医による労働者の心身の状態に関する情報の取扱いの方法について、労働者へ周知させなければならないこととなりました(改正安衛法101条2項、改正安衛則98条の2第2項)。なお、産業医を置かない事業主に対しては、上記周知義務が努力義務として課されています(改正安衛法101条3項)。

そして、その周知の方法としては、常時各作業場の見やすい場所に掲示し、または備え付けること、書面を労働者に交付すること、磁気テープ、磁気ディスクその他これらに準ずる物に記録し、かつ、各作業場に労働者が当該記録の内容を常時確認できる機器を設置することが挙げられています（改正安衛則98条の2第1項）。

また、事業者は、産業医等による労働者の健康管理等の適切な実施を図るため、産業医等が労働者からの健康相談に応じ、適切に対応するために必要な体制の整備その他の必要な措置を講ずるように努めなければなりません（改正安衛法13条の3）。

（弁護士　織田 康嗣）

労働者派遣事業の適正な運営と派遣労働者の保護等

（労働者派遣法の一部改正）

▶ 労働者派遣法の改正内容

Q27 働き方改革法によって、労働者派遣法はどのような改正がなされたのですか？

Answer.

働き方改革法によって、労働者派遣法は、次の３点の観点から改正がなされました。

① 不合理な待遇差を解消するための規定の整備
② 労働者に対する待遇に関する説明義務の強化
③ 行政による履行確保措置及び裁判外紛争解決手続（行政 ADR）の整備

具体的な改正内容は、後に詳述しますが、派遣労働者について、派遣先の労働者との均等・均衡待遇の確保の義務化、正規雇用労働者との待遇差の内容・理由等に関する説明の義務化、これら義務の行政による履行確保措置等が新たに定められました。

【解説】

1. 改正法の概要

働き方改革法は、①働き方改革の総合的かつ継続的な推進、②長時間労働の是正、多様で柔軟な働き方の実現等、③雇用形態にかかわらない公正な待遇の確保を目的として成立しました。

厚生労働省は、このうち、雇用形態にかかわらない公正な待遇の確保の具体的内容として次の３点を目的としました。

1．不合理な待遇差を解消するための規定の整備
2．労働者に対する待遇に関する説明義務の強化
3．行政による履行確保措置及び裁判外紛争解決手続（行政 ADR）の

整備

労働者派遣法は、上記の観点から、次のとおり、改正がなされました。

ⅰ．派遣労働者について、①派遣先の労働者との均等・均衡待遇、②一定の要件（同種業務の一般の労働者の平均的な賃金と同等以上の賃金であること等）を満たす労使協定による待遇のいずれかを確保することを義務化

ⅱ．待遇差の内容・理由等に関する説明の義務化

ⅲ．ⅰの義務やⅱの説明義務について、行政による履行確保措置及び行政 ADR の整備

○ 企業の実務対応

改正労働者派遣法の施行は、平成 32（2020）年 4 月 1 日からですが、企業は、改正内容を把握し、今後改正がされるであろう派遣元事業主が講ずべき措置に関する指針、派遣先が講ずべき措置に関する指針、及び労働者派遣事業関係業務取扱要領等に注視したうえで、施行を見据えた前倒しの準備に取り掛かる必要があります。

（弁護士　山﨑 貴広）

▶労働者派遣契約締結時における派遣先の派遣元への情報提供義務

Q28 派遣先は労働者派遣契約を締結するにあたって、派遣元に対し、どのような情報を提供しなければならないのですか？

Answer.

派遣先は派遣元に対し、労働者派遣契約を締結するにあたって、あらかじめ、当該労働者派遣に係る派遣労働者が従事する業務ごとに、比較対象労働者の賃金その他の待遇に関する情報その他の厚生労働省令で定める情報を提供しなければなりません。

【解説】

1. 派遣先の情報提供義務

改正法は、派遣先が、新たに労働者派遣契約を締結するにあたって、あらかじめ派遣元に対し、厚生労働省令で定めるところにより、当該労働者派遣に係る派遣労働者が従事する業務ごとに、比較対象労働者の賃金その他の待遇に関する情報その他の厚生労働省令で定める情報を提供しなければならないとする情報提供義務を新設しました（改正法26条7項）。

ここで、「比較対象労働者」とは、派遣先に「雇用される通常の労働者であって、その業務の内容及び当該業務に伴う責任の程度並びに当該職務の内容及び配置の変更の範囲が、当該労働者派遣に係る派遣労働者と同一であると見込まれるものその他の当該派遣労働者と待遇を比較すべき労働者として厚生労働省令で定めるもの」と定義付けられています（改正法26条8項）。

この派遣先の情報提供義務が定められた趣旨は、派遣元が派遣労働者について派遣先の労働者との均等・均衡待遇を実現するためには、派遣先の労働者の賃金等の待遇に関する情報が不可欠となるため、派遣先に対し、これらの情報の提供義務を課した点にあります。

改正法は、派遣先に上記情報提供義務を課す一方で、情報提供義務の履行確保のため、派遣元に対し、派遣先から情報提供がなされない場合には、派遣契約を締結してはならないと定めました（改正法26条9項）。

さらに、改正法は、派遣先が情報提供義務に違反した場合を勧告・公表等の対象としています（改正法49条の2）。

2. 派遣先の実務対応

派遣先は、勧告・公表等のリスクを回避するためにも、派遣元に対し適切な情報を提供する必要があります。

（弁護士　山﨑 貴広）

▶派遣労働者の待遇等の決定

Q29　派遣元は、派遣労働者の待遇等をどのように決定すればよいのでしょうか？

Answer.

派遣元は派遣労働者の待遇等を次の２つのどちらかの方法によって決定しなければなりません。

1）個別の待遇ごとに、派遣先の労働者との均等・均衡がとれた待遇にすること
2）労使協定により一定水準を満たす待遇決定を行うこと

【解説】

1．不合理な待遇の禁止（均衡待遇）

改正法は、派遣元は、その雇用する派遣労働者の基本給、賞与その他の待遇のそれぞれについて、当該待遇に対応する派遣先に雇用される通常の労働者の待遇との間において、

①　当該派遣労働者及び通常の労働者の職務の内容
②　当該職務の内容及び配置の変更の範囲
③　その他の事情のうち、当該待遇の性質及び当該待遇を行う目的に照らして適切と認められるもの

を考慮して、不合理と認められる相違を設けてはならないと定めました（改

正法30条の3第1項)。

これは、従来、パートタイム労働法第8条及び労働契約法第20条で定められていた、いわゆる均衡待遇規定と同趣旨であり、本改正によって、従来のパートタイム労働法第8条及び労働契約法第20条の問題点を克服した形(パート有期法8条を参照)で派遣法にも新設されるに至りました。

本規定の留意点は、個別の待遇ごとに、対応する通常の労働者の上記①～③を検討し、各待遇が不合理かどうかを判断するという判断手法が用いられる点にあります。

すなわち、派遣元は、個別の待遇ごとに、派遣先に雇用される通常の労働者との間で当該派遣労働者の当該待遇が不合理といえないよう待遇決定を行わなければなりません。

2. 差別的取扱いの禁止（均等待遇）

上記に加え改正法は、派遣元は、職務の内容が派遣先に雇用される通常の労働者と同一の派遣労働者であって、当該労働者派遣契約及び当該派遣先における慣行その他の事情からみて、当該派遣先における派遣就業が終了するまでの全期間において、その職務の内容及び配置が当該派遣先との雇用関係が終了するまでの全期間における当該通常の労働者の職務の内容及び配置の変更の範囲と同一の範囲で変更されることが見込まれるものについては、正当な理由がなく、基本給、賞与その他の待遇のそれぞれについて、当該待遇に対応する当該通常の労働者の待遇に比して不利なものとしてはならないと定めました（改正法30条の3第2項)。

これは従来、パートタイム労働法第9条により規定されていた、いわゆる均等待遇規定と同趣旨の規定であり、本改正によって派遣法にも新設されました。

本規定は、ある派遣労働者が、派遣先に派遣される期間中、派遣先の通常の労働者と職務内容や配置等が同一と見込まれる場合に、賃金等を不利なものにしてはならないという規定です。

派遣元としては、派遣先から提供される情報を十分に検討し、当該派遣労働者の業務内容や配置の変更の範囲が派遣先の通常の労働者と同様か否かを検討したうえで、仮に当該派遣労働者の業務内容等が派遣先の通常の労働者と同様と見込まれた場合には、当該労働者の賃金等を下回ることのないよう当該派遣労働者の賃金等を定めなければなりません。

3. 労使協定による例外

上記**1.** 及び**2.** でみてきたとおり、改正法は、派遣元に対し、派遣先の労働者との均衡・均等による待遇改善を義務付けています。

しかし、常に派遣先の労働者との均等・均衡を考慮し派遣労働者の待遇等を決定することは、派遣先が変わるごとに賃金水準が変わり、派遣労働者の所得が不安定になるという問題が生じます。

また、一般に賃金水準は大企業であるほど高いことから、派遣労働者の希望が大企業へ集中し、派遣元において派遣労働者のキャリア形成を考慮した派遣先への配置を困難にする等の問題が生じ得ます。

そこで改正法は、労使協定による一定水準を満たす派遣労働者の待遇決定を行うことで、上記**1.** 及び**2.** を適用除外とすることを認めました。

すなわち、派遣元は、厚生労働省令で定めるところにより、労働者の過半数で組織する労働組合がある場合においてはその労働組合、労働者の過半数で組織する労働組合がない場合においては労働者の過半数を代表する者との書面による協定により、その雇用する派遣労働者の待遇について、以下の事項を定めたときは、上記**1.** 及び**2.** が適用除外となります（改正法30条の4第1項）。

一　その待遇が当該協定で定めるところによることとされる派遣労働者の範囲（この労働者を「協定対象派遣労働者」といいます。）

二　一に掲げる範囲に属する派遣労働者の賃金の決定の方法（次のイおよびロ（通勤手当その他の厚生労働省令で定めるものにあっては、イ）に該当するものに限る。）

イ　派遣労働者が従事する業務と同種の業務に従事する一般の労働者の平均的な賃金の額として厚生労働省令で定めるものと同等以上の賃金の額となるものであること。

ロ　派遣労働者の職務の内容、職務の成果、意欲、能力又は経験その他の就業の実態に関する事項の向上があった場合に賃金が改善されるものであること。

三　派遣元事業主が、二に掲げる賃金の決定の方法により賃金を決定するに当たっては、派遣労働者の職務の内容、職務の成果、意欲、能力又は経験その他の就業の実態に関する事項を公正に評価し、その賃金を決定すること。

四　一に掲げる範囲に属する派遣労働者の待遇（賃金を除く。以下同じ）の決定の方法（派遣労働者の待遇のそれぞれについて、当該待遇に対応する派遣元事業主に雇用される通常の労働者（派遣労働者を除く）の待遇との間において、当該派遣労働者及び通常の労働者の職務の内容、当該職務の内容及び配置の変更の範囲その他の事情のうち、当該待遇の性質及び当該待遇を行う目的に照らして適切と認められるものを考慮して、不合理と認められる相違が生じることとならないものに限る。）

五　派遣元事業主は、一に掲げる範囲に属する派遣労働者に対して第30条の2第1項の規定による教育訓練を実施すること。

六　一から五に掲げるもののほか、厚生労働省令で定める事項

以上の事項を定めた労使協定を締結することで、派遣元は、協定対象派遣労働者については、上記均等・均衡待遇の規定が適用除外となります。

しかし、この協定を用いた待遇決定については、次の点に留意する必要

があります。

まず、派遣元は上記二、四、五で定めた事項を遵守しなかった場合、または、三に定める公正な評価を行わなかった場合には、適用除外の効果は認められません（改正法第30条の4ただし書）。

次に、労使協定については、適用対象の労働者に周知する必要があります（改正法30条の4第2項）

そして、派遣元は派遣先に対して、派遣労働者がこの協定の対象者か否かを通知する必要があり（改正法35条1項2号）、協定の対象者か否かについては、派遣元は派遣元管理台帳に、派遣先は派遣先管理台帳にそれぞれ記載しなければなりません（改正法37条、42条）。

4. 派遣元の実務対応

派遣元が派遣先から提供を受けた情報をもとに、派遣先の労働者との均等・均衡がとれた待遇を都度決定していくことは上記記載の問題点が存在するため、実務においては、上記**3.**の労使協定を用いた待遇決定が主流として行われることが予想されます。

派遣元としては、労使協定を用いた待遇決定の運用上の留意点に十分気を付け、適切に運用を行う必要があります。

また、本稿作成時において、均衡待遇規定、均等待遇規定の解釈を明確化するための指針「同一労働同一ガイドラインのたたき台」が厚生労働省より公表されていますので（URL）をご参照ください。

https://www.mhlw.go.jp/content/12602000/000351609.pdf

（弁護士　山﨑 貴広）

Q30 派遣元は、どのように派遣労働者の賃金を決定すればよいのでしょうか？

Answer.

派遣元は、派遣先に雇用される通常の労働者との均衡を考慮しつつ、その雇用する派遣労働者の職務の内容、職務の成果、意欲、能力又は経験その他の就業の実態に関する事項を勘案し、その賃金を決定しなければなりません。

【解説】

1. 派遣労働者の賃金決定方法

労働者派遣法は、従来、賃金の決定方法につき、

① 派遣先の労働者の賃金水準との比較を考慮しつつ、
② 同種業務に従事する一般労働者の賃金水準、
③ 派遣労働者の職務の内容、職務の成果等

を勘案して賃金決定を行う配慮義務を定めていました（改正前法30条の3第1項）。

改正法は、派遣労働者の賃金決定につき、

1. 派遣元は、派遣先に雇用される通常の労働者との均衡を考慮しつつ、
2. その雇用する派遣労働者の職務の内容、職務の成果、意欲、能力又

は経験その他の就業の実態に関する事項を勘案し、

3．その賃金（通勤手当その他の厚生労働省令で定めるものを除く）を決定するよう努める義務（努力義務）を負う

と定めました（改正法30条の5）（なお、協定対象労働者については適用除外）。

改正法により、比較の対象が「通常の労働者」に限定され、賃金決定における均衡措置が配慮義務から努力義務となりました。

2. 派遣元の実務対応

派遣元は、賃金決定の変更点に留意し、派遣先から受けた情報を基に、派遣労働者の賃金決定を行うよう努める必要があります。

（弁護士　山﨑 貴広）

▶就業規則の作成・変更手続

Q31 派遣元の就業規則作成・変更手続は、どのように行う必要がありますか？

Answer.

派遣元は、派遣労働者に係る事項について就業規則を作成・変更するときは、あらかじめ、当該事業所において雇用する派遣労働者の過半数を代表すると認められるものの意見を聴くように努めなければなりません。

【解説】

1. 就業規則作成・変更の手続

労働者派遣法改正によって、派遣元の就業規則の作成・変更について、新たな手続が定められました。

派遣元は、派遣労働者に係る事項について就業規則を作成し、または変更しようとするときは、あらかじめ、当該事業所において雇用する派遣労働者の過半数を代表すると認められるものの意見を聴くように努めなければなりません（改正法30条の6）。

この新たに規定された手続の特徴は、「あらかじめ」過半数代表者の意見を聴くことを求めている点にあります。

2. 派遣元企業の実務対応

本規定は、努力義務にとどまりますが、派遣元としては、就業規則変更の効力を争われるリスクを回避するためにも、この手続を履践することが肝要です。

（弁護士　山﨑 貴広）

▶派遣元の派遣労働者に対する説明義務

Q32 派遣元は派遣労働者に対してどのような説明義務を負いますか？

Answer.

派遣元は派遣労働者に対し、次の説明義務を負います。

① 派遣労働者の雇入れ時及び派遣時に、労働条件に関する事項並びに不合理な待遇等の禁止及び労使協定の内容に関し講ずることとしている措置の内容を文書の交付その他厚生労働省令で定める方法により説明しなければならない。

② 派遣労働者から求めがあった場合に、待遇差の内容やその理由等について説明しなければならない。

【解説】

1. 説明義務の強化

Q27で説明したとおり、雇用形態にかかわらない公正な待遇の確保の一内容として、労働者に対する待遇に関する説明義務の強化が図られました。

改正法は、これを実現するため、派遣元の派遣労働者に対する説明義務を大幅に強化しました。

2. 雇入れ時と派遣時の説明義務

改正前法は、派遣元は、派遣労働者として雇用しようとする労働者に対し、雇用した場合における賃金の見込み額その他の待遇に関する事項を説明しなければならないと定めています（改正前法31条の2第1項）。

改正法は、この説明義務を次のとおり強化しました。

まず、説明の時期について、従来、派遣労働者を雇い入れようとするときのみであったのを、「労働者派遣をしようとするとき」を追加しました（改正法31条の2第3項）。

次に、説明事項について、以下2点を加えました。

① 労働条件に関する事項のうち、労働基準法第15条第1項に規定する厚生労働省令で定める事項以外のものであって厚生労働省令で定めるもの（1号）

② 不合理な待遇等の禁止、労使協定の内容に関し、講ずることとしている措置の内容（2号）

そして、説明方法について、文書の交付その他厚生労働省令で定める方法（「文書の交付等」という）によると定めました（同条2項柱書、3項）。

3. 派遣労働者から求めがあった場合

改正前法は、派遣労働者から求めがあった場合、待遇決定に際しての考慮事項に関する説明義務を課しています（改正前法31条の2第2項）。

しかし、改正法は、待遇差の内容やその理由等についての説明義務も課すこととし（改正法31条の2第4項）、また、説明を求めたことに対する不利益取扱いを禁止しました（改正法31条の2第5項）。

この規定の趣旨は、派遣労働者が自らの待遇をよく理解し、納得するためにも、また待遇差について納得できない場合に、まず労使間での対話を行い、不合理な待遇差の是正につなげていく点にあります。

4. 派遣元の実務対応

派遣元としては、派遣労働者から説明を求められた場合、適切な説明を果たすことで、待遇差に関する紛争を事前に防止できるようになりました。一方で、十分な説明を行えなかった場合には、紛争化するリスクが高く、派遣元は、事前に説明内容等を十分に検討しておくことが肝要となります。

（弁護士　山﨑 貴広）

▶派遣先の講ずべき措置の変更

Q33 労働者派遣法改正により、派遣先が講ずべき措置等にどのような変更がありましたか？

Answer.

改正法では、従来、派遣先が派遣労働者に配慮すべきこととされていた、

1）同種の業務に従事するその雇用する労働者の業務の遂行に必要な能力の付与のための教育訓練の実施

2）その雇用する労働者が利用する一定の福利厚生施設（給食施設、休憩室、更衣室）の利用の機会の付与

が、派遣先の義務となりました。

【解説】

1. 派遣先の講ずべき措置等

従来、派遣先は、派遣労働者に対し、

① 派遣労働者が従事する業務と同種の業務に従事するその雇用する労働者の業務の遂行に必要な能力を付与するための教育訓練を実施するように配慮すること（改正前法40条2項）

② その雇用する労働者に対して利用の機会を与える福利厚生施設であって、業務の円滑な遂行に資するものとして厚生労働省令で定める

ものについて派遣労働者に利用の機会を与えるように配慮すること（改正前法 40 条 3 項）とされていました。

改正法は、上記の措置について、

1．派遣労働者に対し教育訓練の実施等の必要な措置を講じなければならず、福利厚生施設についても利用の機会を与えなければならないと定めるとともに（改正法 40 条 2 項、3 項）、
2．これらの義務違反を勧告・公表等の対象としました（改正法 49 条の 2）。

2. 派遣先の実務対応

上記の措置が配慮義務から通常の義務となったことで、派遣先は、上記義務を怠った場合、派遣労働者に対し法的責任を負うこととなり、加えて、勧告・公表等の対象となり得ます。派遣先としては、派遣労働者に対しても上記措置を講ずることができるよう準備が必要です。

（弁護士　山﨑 貴広）

▶紛争解決手段の整備

Q34 派遣労働者の待遇に関する紛争解決手段は、どのように整備されたのでしょうか？

Answer.

派遣労働者の待遇に関する紛争の解決手段は、次のとおり整備されるに至りました。

まず、派遣元・派遣先は、派遣労働者の待遇に関する事項について苦情を受けた場合、自主的解決を図るよう努めなければなりません（改正法47条の4）。

次に、都道府県労働局長は、紛争当事者の双方又は一方から解決につき援助を求められた場合、助言、指導、又は勧告することができるようになりました（改正法47条の6第1項）。

さらに、紛争の当事者の双方又は一方から調停の申請があった場合には、都道府県労働局長は、紛争調整委員会に調整を行わせることができるようになります（改正法第47条の7）。

【解説】

1. 改正の経緯

均等待遇規定・均衡待遇規定は民事的効力を有する規定と解されているため、派遣労働者は同規定の違反を理由に裁判所へ救済を求めることができます。

しかし、訴訟提起には大変な負担を伴い、裁判所による救済の件数は限られています。

改正法は、派遣労働者がより救済を求めやすくするよう、以下に詳述するとおり、行政による履行確保の規定を整備するとともに、行政ADRを利用し得るように規定を整備しました。

2. 苦情の自主的解決

改正法は、派遣元及び派遣先に対し、派遣労働者の待遇に関する苦情に対し、自主的解決を図るべく努めなければならないと定めました。

派遣元に対しては、上記**Q29**の不合理な待遇の禁止、上記**Q32**の説明義務に関する事項について、派遣労働者から苦情がある場合には自主的な解決をするよう努めなければならないとし（改正法47条の4第1項）、派遣先に対しては、上記**Q33**の教育訓練の実施と福利厚生施設の利用について、派遣労働者から苦情がある場合には自主的な解決をするよう努めなければならないとしました（改正法47条の4第2項）。

3. 紛争の解決の援助

そして、都道府県労働局長は、上記**2.** の事項についての派遣労働者と派遣元・派遣先との間の紛争に関して、紛争当事者の双方又は一方から解決につき援助を求められた場合には、助言、指導、又は勧告することができるとされました（改正法47条の6第1項）。

4. 調停

さらに、上記紛争につき、紛争の当事者の双方又は一方から調停の申請があった場合には、都道府県労働局長は、紛争調整委員会に調整を行わせることができるようになります（改正法47条の7）。

5. 企業の実務対応

企業にとっては、行政による履行確保措置及び行政ADRの整備により、派遣労働者の待遇に関する紛争が顕在化するリスクが増加したといえます。

企業としては、これを機会に派遣労働者の待遇を見直し、均等・均衡待遇を実現するように努めることは当然のことながら、万一、派遣労働者からの苦情があった場合には、自主的解決を図るべく、いち早く話し合いの場を設けること等が重要となります。

（弁護士　山﨑 貴広）

▶勧告、公表の対象の変更

Q35 改正法の下で、勧告、公表の対象はどのように変わりますか？

Answer.

改正法は、厚生労働大臣が勧告、公表することができる場合に、派遣先が上記 Q33 の派遣先が講ずべき措置の義務に違反した場合及び上記 Q28 の情報提供義務に違反した場合を新たに追加しました。

【解説】

1. 勧告・公表の対象

改正前法は、第 49 条の 2 において、厚生労働大臣が、派遣先がその指揮命令下に派遣労働者を適用除外業務に従事させている場合（同 4 条 3 項違反）、派遣元事業主以外の労働者派遣事業を行う事業主から労働者派遣の役務の提供を受けている場合（同 24 条の 2 違反）等の場合又は第 48 条 1 項の規定による指導もしくは助言を受けた場合において、なお、違法行為を行っており又は違法行為を行うおそれがあると認めるときには、当該派遣先に、勧告することができる旨定め（同 49 条の 2 第 1 項)、勧告に従わなかったときは、その旨公表することができる（同条 2 項）と定めています。

○ 派遣先の実務対応

改正法では、以上みてきたとおり、派遣先に対し一定の義務が新たに課され、これら義務の履行確保の観点から、義務に違反した場合が勧告、公表の対象として追加されました（改正法49条の2）。

派遣先は、勧告・公表とならないよう、改正法の定めた義務を適切に履行する必要があります。

（弁護士　山﨑 貴広）

Ⅵ
「労働時間等の設定」の定義の見直し

（労働時間等の設定の改善に関する特別措置法の一部改正）

▶ 労働時間等の設定の定義

Q36 「労働時間等の設定」の定義は、どのように変わったのでしょうか？

Answer.

「労働時間等の設定」の定義に、「深夜業の回数」及び「終業から始業までの時間」が追加されました。

【解説】

1. 勤務間インターバル制度等の追加

労働時間等の設定の改善に関する特別措置法（労働時間等設定改善法）には、労働時間等の設定の改善に向けた自主的な努力を促進するための措置等が定められていますが、「労働時間等の設定」の定義について、これまでの「労働時間、休日数、年次有給休暇を与える時季その他の労働時間等に関する事項を定めること」に、「深夜業の回数」及び「終業から始業までの時間」が追加されました（改正法１条の２第２項）。

後者は、いわゆる「勤務間インターバル制度」といわれるもので、前日の終業時刻と翌日の始業時刻の間に一定時間の休息を確保する制度となります。

2. 施行日

本件に関する改正法の施行日は、2019 年４月１日です。

（特別社会保険労務士　岩楯めぐみ）

▶インターバル制度

Q37 「事業主等の責務」に、どのようなものが追加されたのでしょうか？

Answer.

「事業主等の責務」に、「健康及び福祉を確保するために必要な終業から始業までの時間の設定」等が追加されました。

【解説】

1. 勤務間インターバル制度等の追加

「事業主等の責務」として措置を講ずるよう努めなければならないものとして、これまでの「業務の繁閑に応じた労働者の始業及び終業の時刻の設定、年次有給休暇を取得しやすい環境の整備その他の必要な措置」に、「健康及び福祉を確保するために必要な終業から始業までの時間の設定」である勤務間インターバル制度が追加されました（改正法2条1項）。

また、他の事業主との取引を行う場合において必要な配慮をするよう努めなければならないものとして、これまでの「他の事業主の講ずる労働時間等の設定の改善に関する措置の円滑な実施を阻害することとなる取引条件を付けない等」に、「著しく短い期限の設定及び発注の内容の頻繁な変更を行わないこと」が追加されました（改正法2条4項）。

2. 施行日

本件に関する改正法の施行日は、2019年4月1日です。

3. 企業の実務対応

勤務間インターバル制度の導入は、措置を講ずるよう努めなければならないとする努力義務であり、義務ではありませんが、労働者の健康を確保するための方策の１つであるため、この機会に導入を検討するとよいでしょう。

また、他の事業主との取引を行う場合の配慮についても、必要な配慮をするよう努めなければならないとする努力義務であり、義務ではありませんが、取引先の労働時間等の設定の改善に向けて協力するため、著しく短い期限の発注や発注内容を頻繁に変更することがないか等について点検し、そのような取引が確認された場合は、改善策がないか検討すべきでしょう。

（特定社会保険労務士　岩楯めぐみ）

▶ 労働時間等設定改善企業委員会

Q38 企業単位での取組みが可能になったとのことですが、どのような内容でしょうか。

Answer.

企業単位で「労働時間等設定改善企業委員会」を組織し、当該委員会で決議が行われたときは、労働基準法で定める労使協定の一部に代えることができる特例が新設されました。

なお、特例の対象となる労働基準法で定める労使協定とは、労働基準法第 37 条第 3 項（代替休暇)、同第 39 条第 4 項（年次有給休暇の時間単位付与）及び同第 39 条第 6 項（年次有給休暇の計画的付与）の 3 つの労使協定となります。

また、衛生委員会を労働時間等設定改善委員会とみなす規定が廃止されました。

【解説】

1. 労働時間等設定改善企業委員会の決議の特例

各企業における労働時間等の設定の改善に向けて労使の自主的取組みを一層促進するため、企業単位で設置された「労働時間等設定改善企業委員会」において決議が行われたときは、当該決議を労基法で定める労使協定の一部に代えることができる特例が新設されました（改正法 7 条の 2)。

なお、特例の対象となる労働基準法で定める労使協定とは、労働基準法第 37 条第 3 項（代替休暇)、同第 39 条第 4 項（年次有給休暇の時間単位付与）及び同第 39 条第 6 項（年次有給休暇の計画的付与）の 3 つの労使協定となります。

この特例を適用するためには、事業場ごとに、当該事業場の労働者の過半数で組織する労働組合がある場合はその労働組合、当該労働組合がない場合においては労働者の過半数を代表する者との書面により、労働時間等の設定の改善に関する事項について「労働時間等設定改善企業委員会」に調査審議させ、事業主に意見を述べさせることを定めること、「労働時間等設定改善企業委員会」の委員の半数については、事業主の雇用する労働者の過半数で組織する労働組合がある場合はその労働組合、当該労働組合がない場合においては労働者の過半数を代表する者の推薦に基づき指名されていること、「労働時間等設定改善企業委員会」の委員の５分の４以上の多数により決議が行われていること、「労働時間等設定改善企業委員会」の議事録が作成され、保存されていること等の対応が必要です。

2. 衛生委員会を労働時間等設定改善委員会とみなす規定の廃止

これまでは、「労働時間等設定改善委員会」が設置されていない事業場において労使協定を締結することにより、衛生委員会（安全衛生委員会も含む。以下同じ）を「労働時間等設定改善委員会」とみなすことができる規定がありましたが、労働時間等の設定の改善を図るための措置について調査審議の機会をより適切に確保する観点から当該規定は廃止されました（改正前労働時間等設定改善法７条２項の削除）。

3. 施行日

本件に関する改正法の施行日は、2019年４月１日です。

ただし、衛生委員会を労働時間等設定改善委員会とみなす規定の廃止に関しては、衛生委員会の決議については、2022年３月31日（2019年３月31日を含む期間を定めているもので、その期間が2022年３月31日を超えないものについては、その期間の末日）までは有効とする経過措置が設けられています。

4. 企業の実務対応

代替休暇（労基法37条3項）、時間単位年休（労基法39条4項）及び計画的付与（労基法39条6項）の制度について、各事業場で労使協定を締結する等して導入するのではなく、企業単位で導入する場合は、上記の方法により「労働時間等設定改善企業委員会」を組織して決議する対応を検討するとよいでしょう。

また、これまで衛生委員会で決議を行い、労使協定の代替としていた場合は、経過措置に該当する場合を除き、別途新たに労使協定の締結が必要となります。

（特定社会保険労務士　岩楯めぐみ）

短時間・有期雇用労働者の差別的取扱いの禁止

（パート有期法）

1．不合理な待遇差を解消するための規定の整備（パート有期法）

▶短時間・有期雇用労働者と正規雇用労働者との差別待遇の禁止

Q39 短時間・有期雇用労働者に関する同一企業内における正規雇用労働者との不合理な待遇の禁止はどのよう判断されますか？

Answer.

個々の待遇ごとに、当該待遇の性質・目的に照らして適切と認められる事情を考慮して判断されることが明文化されました（パート有期法８条）

【解説】

今回の法改正前においても、短時間労働者・有期雇用労働者いずれも均等待遇原則は明文化されていましたが、これらの労働者と正規雇用労働者との待遇差は、①「職務の内容（業務内容・責任の程度）」、②「職務の内容及び配置の変更の範囲」、③「その他の事情」を考慮して不合理性の判断がなされるとされていました。もっとも、これらの各要素の関係性が不明確でした。

そこで、今回の改正において不合理な待遇を禁止する対象について「基本給、賞与その他の待遇のそれぞれについて」と規定され、基本給や賞与のみならず、そのほかの各待遇についても、待遇ごとに合理性を判断することが明記され上記不明確性の解消が図られました。

加えて、考慮要素について「当該処遇の性質及び当該待遇を行う目的に照らして適切と認められるものを考慮」し、不合理か否かを判断することが明確化されました。

このパート有期法第８条の枠組みに基づき、正規雇用労働者と非正規雇用労働者との間の賃金格差が不合理であると判断された場合、賃金格差が認められる部分については、不合理な差別として無効になります。

なお、本改正に伴い、これまで有期雇用労働者の不合理な差別を禁止していた労働契約法第20条は削除されます。

（弁護士　高木 健至）

▶ 有期雇用労働者の差別待遇の禁止

Q40 有期雇用労働者について、正規雇用労働者と①職務内容、②職務内容・配置の変更範囲が同一である場合の待遇については、どのような規制がありますか？

Answer.

これまでは有期雇用労働者については均等待遇に関する規定がありませんでしたが、今回の改正により、有期雇用労働者についても、職務内容の同一性、職務内容と配置変更の範囲の同一性が認められる場合には差別的待遇が禁止されます（パート有期法９条）。

【解説】

改正前のパートタイム労働法第９条は、パートタイム労働者（改正法でいう「短時間労働者」）について、正規雇用労働者と、職務内容の同一性、職務内容と配置変更の範囲の同一性が認められる場合には、「通常の労働者と同視すべき短時間労働者」に該当するとして差別的取扱いを禁止していました。

これまでは短時間労働者以外の有期雇用労働者については、このような規定がなかったことから、今回の改正によって、短時間労働者のみならず有期雇用労働者にもこの規定が適用できるように対象範囲を拡大されました（パート有期法９条）。

（弁護士　髙木 健至）

▶差別待遇の比較対象者

Q41 有期雇用労働者・短時間労働者について、正規雇用労働者との待遇を比較し、当該待遇の相違が均衡待遇原則や均等待遇原則に反するかの判断に際し、比較の対象者は誰になりますか？

Answer.

「同一の事業主」の正規雇用労働者が比較対象者となります。

【解説】

通常の労働者と「職務内容」「人材活用の仕組み」等が同一である有期雇用労働者･短時間労働者について、今回の法改正前は、事業所単位（「同一の事業所」）で比較し同一か否かを判断していましたが、今回の法改正後は企業単位（「同一の事業主」）で比較することになりました。

ここでいう「職務内容」「人材活用の仕組み」の同一性判断基準として、法改正前の厚生労働省通達（基発0724第2号）において言及がなされています。

今回の法改正後における同文言の解釈に際しても基本的には上記内容が踏襲されると考えられます。

（弁護士　高木 健至）

▶ 均衡待遇規定、均等待遇規定

Q42 均衡待遇規定や均等待遇規定についての解釈を明確化する指針はありますか？

Answer.

この点については、「同一労働同一賃金ガイドライン（指針）」が策定されることになっており、当該ガイドライン案については関係者の意見や改正法案についての国会審議を踏まえ現在政府が策定中であり、改正法の施行日に施行することになっています。

次頁以後、本稿作成時における「同一労働同一賃金ガイドライン案」を掲載いたしますので、適宜ご参照ください。

（弁護士　高木 健至）

同一労働同一賃金ガイドラインのたたき台（短時間・有期雇用労働者に関する部分）

<table>
<tr><th>たたき台</th><th>同一労働同一賃金ガイドライン案（平成 28 年 12 月 20 日）</th></tr>
<tr><td>〇厚生労働省告示第　　　号
労働者派遣事業の適正な運営の確保及び派遣労働者の保護等に関する法律（昭和六十年法律第八十八号）第四十七条の十一及び短時間労働者及び有期雇用労働者の雇用管理の改善等に関する法律（平成五年法律第七十六号）第十五条第一項の規定に基づき、短時間・有期雇用労働者及び派遣労働者に対する不合理な待遇の禁止等に関する指針を次のように定める。
平成三十年　　　月　　　日
厚生労働大臣　加藤　勝信</td><td>制定文を追記</td></tr>
<tr><td>短時間・有期雇用労働者及び派遣労働者に対する不合理な待遇の禁止等に関する指針</td><td>同一労働同一賃金ガイドライン案
平成 28 年 12 月 20 日</td></tr>
<tr><td>第１　目的

この指針は、短時間労働者及び有期雇用労働者の雇用管理の改善等に関する法律（平成五年法律第七十六号。以下「短時間・有期雇用労働法」という。）第八条及び第九条並びに労働者派遣事業の適正な運営の確保及び派遣労働者の保護等に関する法律（昭和六十年法律第八十八号。以下「労働者派遣法」という。）第三十条の三及び第三十条の四に定める事項に関し、雇用形態又は就業形態に関わ</td><td>１．前文
（目的）
〇本ガイドライン案は、正規か非正規かという雇用形態にかかわらない均等・均衡待遇を確保し、同一労働同一賃金の実現に向けて策定するものである。同一労働同一賃金は、いわゆる正規雇用労働者（無期雇用フルタイム労働者）と非正規雇用労働者（有期雇用労働者、パートタイム労働者、派遣労働者）の間の不合理な待遇差の解消を目指すものである。</td></tr>
</table>

らない公正な待遇を確保し、同一労働同一賃金の実現に向けて定めるものである。同一労働同一賃金は、同一の事業主における通常の労働者と短時間・有期雇用労働者等との間の不合理と認められる待遇の相違及び差別的取扱い等（以下「不合理な待遇の相違等」という。）の解消を目指すものである。	建議に合わせて追記
もとより賃金等の待遇は労使によって決定されることが基本である。しかし、我が国においては、通常の労働者と短時間・有期雇用労働者等との間には、欧州と比較して大きな待遇の相違がある。政府としては、この問題への対処に当たり、同一労働同一賃金の考え方が広く普及しているといわれる欧州の制度の実態も参考としながら政策の方向性等を検証した結果、それぞれの国の労働市場全体の構造に応じた政策とすることが重要であるとの示唆を得た。	○もとより賃金等の処遇は労使によって決定されることが基本である。しかし、我が国においては正規雇用労働者と非正規雇用労働者の間には欧州と比較して大きな処遇差がある。政府としては、この問題の対処に当たり、同一労働同一賃金の考え方が広く普及しているといわれる欧州制度の実態も参考としながら検証した結果、それぞれの国の労働市場全体の構造に応じた政策とすることが重要との示唆を得た。
我が国においては、基本給をはじめ、賃金制度の決まり方には様々な要素が組み合わされている場合も多いため、同一労働同一賃金の実現に向けて、まずは、各事業主において、職務や能力等の内容の明確化とその職務や能力等の内容と賃金等の待遇との関係を含めた待遇の体系全体を、短時間・有期雇用労働者等を含む労使の話し合いによって確認し、短時間・有期雇用労働者等を含む労使で共有することが肝要である。	○我が国の場合、基本給をはじめ、賃金制度の決まり方が様々な要素が組み合わされている場合も多いため、同一労働同一賃金の実現に向けて、まずは、各企業において、職務や能力等の明確化とその職務や能力等と賃金等の待遇との関係を含めた処遇体系全体を労使の話し合いによって、それぞれ確認し、非正規雇用労働者を含む労使で共有することが肝要である。
今後、各事業主が職務や能力等の内容の明確化及びその公正な評価を実施し、それに基づく待遇の体系を、労使の話し合いにより、可能な限り速やかに、かつ計画的に構築していくことが、同一労働同一賃金の実現には望ましい。	○今後、各企業が職務や能力等の内容の明確化と、それに基づく公正な評価を推進し、それに則った賃金制度を、労使の話し合いにより、可能な限り速やかに構築していくことが、同一労働同一賃金の実現には望ましい。
通常の労働者と短時間・有期雇用労働者等との間の不合理な待遇	○不合理な待遇差の解消に向けては、賃金のみならず、福利厚

の相違等の解消に向けては、賃金のみならず、福利厚生、キャリア形成、能力の開発及び向上等を含めた取組が必要であり、特に、職業能力の開発及び向上の機会の拡大は、短時間・有期雇用労働者等の職業に必要な技能及び知識の蓄積により、それに対応した職務の高度化や通常の労働者への転換を見据えたキャリアパスの構築等と相まって、生産性の向上と短時間・有期雇用労働者等の待遇の改善につながるため、重要であることに留意すべきである。	生、キャリア形成・能力開発などを含めた取組が必要であり、特に、能力開発機会の拡大は、非正規雇用労働者の能力・スキル開発により、生産性の向上と処遇改善につながるため、重要であることに留意すべきである。
このような通常の労働者と短時間・有期雇用労働者等との間の不合理な待遇の相違等の解消の取組を通じて、労働者がどのような雇用形態及び就業形態を選択しても納得が得られる待遇を受けられ、多様な働き方を自由に選択できるようにし、我が国から「非正規」という言葉を一掃することを目指す。	○このような正規雇用労働者と非正規雇用労働者の間の不合理な待遇差の解消の取り組みを通じて、どのような雇用形態を選択しても納得が得られる処遇を受けられ、多様な働き方を自由に選択できるようにし、我が国から「非正規」という言葉を一掃することを目指すものである。
なお、短時間・有期雇用労働法第八条及び第九条並びに労働者派遣法第三十条の三においては、通常の労働者のそれぞれと短時間・有期雇用労働者等との間で不合理な待遇の相違等の解消が求められることとなる。このため、事業主が、雇用管理区分を新たに設け、当該雇用管理区分に属する通常の労働者の待遇の水準を他の通常の労働者よりも低くしたとしても、当該他の通常の労働者と短時間・有期雇用労働者等との間でも不合理な待遇の相違等を解消する必要がある。また、事業主が、通常の労働者と短時間・有期雇用労働者等との間で職務の内容等を分離した場合であっても、通常の労働者と短時間・有期雇用労働者等の間で不合理な待遇の相違等を解消する必要がある。	参・附帯決議三十三を受け追記 （「低処遇の通常の労働者に関する雇用管理区分を新設したり職務分離等を行ったりした場合でも、非正規雇用労働者と通常の労働者との不合理な待遇の禁止規定や差別的取扱いの禁止規定を回避することはできないものである旨を、指針等において明らかにすることについて、労働政策審議会において検討を行うこと。」）
さらに、同一労働同一賃金の目的は、短時間・有期雇用労働者等	

の待遇の改善である。事業主が、通常の労働者と短時間・有期雇用労働者等との間の不合理な待遇の相違等の解消に対応するため、就業規則を変更することにより、その雇用する労働者の労働条件を不利益に変更する場合、労働契約法（平成十九年法律第百二十八号）第九条の規定に基づき、原則として、労働者と合意する必要がある。また、労働者と合意することなく、就業規則の変更により労働条件を労働者の不利益に変更する場合、当該変更は、労働契約法第十条の規定に照らして合理的なものである必要がある。ただし、同一労働同一賃金の目的に鑑みれば、事業主が通常の労働者と短時間・有期雇用労働者等との間の不合理な待遇の相違等を解消するに当たっては、基本的に、各事業主の労使で合意することなく通常の労働者の待遇を引き下げることは、望ましい対応とはいえないことに留意すべきである。	参・附帯決議三十二を受け追記 （「パートタイム労働法、労働契約法、労働者派遣法の三法改正による同一労働同一賃金は、非正規雇用労働者の待遇改善によって実現すべきであり、各社の労使による合意なき通常の労働者の待遇引下げは、基本的に三法改正の趣旨に反するとともに、労働条件の不利益変更法理にも抵触する可能性がある旨を指針等において明らかにし、その内容を労使に対して丁寧に周知・説明を行うことについて、労働政策審議会において検討を行うこと。」）
第２　基本的考え方 この指針は、通常の労働者と短時間・有期雇用労働者等との間に待遇の相違が存在する場合に、いかなる待遇の相違が不合理と認められるものであり、いかなる待遇の相違が不合理と認められるものでないのか等の原則となる考え方及び具体例を示したものである。事業主が、第４から第７までに記載された原則となる考え方等に反した場合、当該待遇の相違が不合理と認められる可能性がある。なお、本指針に原則となる考え方が示されていない待遇や、具体例に該当しない場合についても、不合理な待遇の相違等を解消する必要がある。このため、各事業主において、労使により、個別具体の事	（ガイドライン案の趣旨） ○本ガイドライン案は、いわゆる正規雇用労働者と非正規雇用労働者との間で、待遇差が存在する場合に、いかなる待遇差が不合理なものであり、いかなる待遇差は不合理なものでないのかを示したものである。この際、典型的な事例として整理できるものについては、問題とならない例・問題となる例という形で具体例を付した。なお、具体例として整理されていない事例については、各社の労使で個別具体の事情に応じて議論していくことが望まれる。

情に応じて議論していくことが望まれる。	
〔法律が成立したためこの段落は削除〕	○今後、この政府のガイドライン案をもとに、法改正の立案作業を進め、本ガイドライン案については、関係者の意見や改正法案についての国会審議を踏まえて、最終的に確定する。
加えて、短時間・有期雇用労働法第八条及び第九条並びに労働者派遣法第三十条の三及び第三十条の四は、同一の事業主における通常の労働者と短時間・有期雇用労働者等との間の不合理な待遇の相違等を対象とするものであり、この指針は、当該通常の労働者と短時間・有期雇用労働者等との間に実際に待遇の相違が存在する場合に参照されることを目的としている。このため、そもそも客観的にみて待遇の相違が存在しない場合については、この指針の対象ではない。	○また、本ガイドライン案は、同一の企業・団体における、正規雇用労働者と非正規雇用労働者の間の不合理な待遇差を是正することを目的としているため、正規雇用労働者と非正規雇用労働者の間に実際に待遇差が存在する場合に参照されることを目的としている。このため、そもそも客観的に見て待遇差が存在しない場合については、本ガイドライン案は対象としていない。
〔定義規定を追加〕 第３　定義 （１）「短時間労働者」とは、短時間・有期雇用労働法第二条第一項に規定する短時間労働者をいう。 （２）「有期雇用労働者」とは、短時間・有期雇用労働法第二条第二項に規定する有期雇用労働者をいう。 （３）「派遣労働者」とは、労働者派遣法第二条第二号に規定する派遣労働者をいう。 （４）「短時間・有期雇用労働者等」とは、短時間・有期雇用労働法第二条第三項に規定する短時間・有期雇用労働者及び労働者派遣法第二条第二号に規定する派遣労働者をいう。 （５）「通常の労働者」とは、短時間・有期雇用労働法第八条及び	〔いわゆる正規雇用労働者を表す法令上の文言は「通常の労働者」であることから、「無期雇用フルタイム労働者」の文言を「通常の労働者」に置き換え〕

第九条の通常の労働者並びに労働者派遣法第三十条の三及び第三十条の四の通常の労働者、すなわち、いわゆる正規型の労働者その他無期雇用フルタイム労働者（事業主と期間の定めのない労働契約を締結している労働者（以下「無期雇用労働者」という。）のうち一週間の所定労働時間が最も長い無期雇用労働者（業務の種類ごとに一週間の所定労働時間が異なる場合にあっては、業務のそれぞれにおいて一週間の所定労働時間が最も長い無期雇用労働者を含む。））をいう。	
第４　短時間・有期雇用労働者 短時間・有期雇用労働者については、その待遇のそれぞれについて、当該待遇に対応する通常の労働者の待遇との間において、①業務の内容及び当該業務に伴う責任の程度（以下「職務の内容」という。）、②当該職務の内容及び配置の変更範囲、③その他の事情のうち、当該待遇の性質及び当該待遇を行う目的に照らして適切と認められるものを考慮して、不合理と認められる相違を設けてはならない（短時間・有期雇用労働法第八条）。 また、職務の内容が通常の労働者と同一の短時間・有期雇用労働者であって、当該事業所における慣行その他の事情からみて、当該事業主との雇用関係が終了するまでの全期間において、その職務の内容及び配置が当該通常の労働者の職務の内容及び配置の変更の範囲と同一の範囲で変更されることが見込まれるものについては、短時間・有期雇用労働者であることを理由として、待遇のそれぞれについて、差別的取扱いをしてはならない（同法第九条）。	2．有期雇用労働者及びパートタイム労働者 原則となる法律上のルールを説明

短時間・有期雇用労働者の待遇に関して、原則となる考え方及び具体例は次のとおりである。 １　基本給 （１）基本給について、労働者の能力又は経験に応じて支給する場合 基本給について、労働者の能力又は経験に応じて支給する場合、通常の労働者と同一の能力又は経験を有する短時間・有期雇用労働者には、能力又は経験に応じた部分につき、同一の支給をしなければならない。また、能力又は経験に一定の相違がある場合においては、その相違に応じた支給をしなければならない。 （問題とならない例） イ　基本給について、労働者の能力又は経験に応じて支給しているＡ社において、ある能力の向上のための特殊なキャリアコースを設定している。通常の労働者であるＸは、このキャリアコースを選択し、その結果としてその能力を習得した。短時間労働者であるＹは、その能力を習得していない。Ａ社は、その能力に応じた基本給をＸには支給し、Ｙには支給していない。	（１）基本給 ①基本給について、労働者の職業経験・能力に応じて支給しようとする場合 基本給について、労働者の職業経験・能力に応じて支給しようとする場合、無期雇用フルタイム労働者と同一の職業経験・能力を蓄積している有期雇用労働者又はパートタイム労働者には、職業経験・能力に応じた部分につき、同一の支給をしなければならない。また、蓄積している職業経験・能力に一定の違いがある場合においては、その相違に応じた支給をしなければならない。 <問題とならない例①> ・基本給について労働者の職業経験・能力に応じて支給しているＡ社において、ある職業能力の向上のための特殊なキャリアコースを設定している。無期雇用フルタイム労働者であるＸは、このキャリアコースを選択し、その結果としてその職業能力を習得した。これに対し、パートタイム労働者であるＹは、その職業能力を習得していない。Ａ社は、その職業能力に応じた支給をＸには行い、Ｙには行っていない。 <問題とならない例②>

ロ　A社においては、定期的に職務の内容及び勤務地の変更がある通常の労働者の総合職であるＸは、管理職となるためのキャリアコースの一環として、新卒採用後の数年間、店舗等において、職務の内容及び配置に変更のない短時間労働者であるＹのアドバイスを受けながら、Ｙと同様の定型的な業務に従事している。A社はＸに対し、キャリアコースの一環として従事させている定型的な業務における能力又は経験に応じることなく、Ｙに比べ基本給を高くしている。	・B社においては、定期的に職務内容や勤務地変更がある無期雇用フルタイム労働者の総合職であるＸは、管理職となるためのキャリアコースの一環として、新卒採用後の数年間、店舗等において、職務内容と配置に変更のないパートタイム労働者であるＹのアドバイスを受けながらＹと同様の定型的な仕事に従事している。B社はＸに対し、キャリアコースの一環として従事させている定型的な業務における職業経験・能力に応じることなく、Ｙに比べ高額の基本給を支給している。
ハ　A社においては、同一の職場で同一の業務に従事している有期雇用労働者であるＸとＹのうち、能力又は経験が一定の水準を満たしたＹを定期的に職務の内容及び勤務地に変更がある通常の労働者に登用し、その後、職務の内容や勤務地に変更があることを理由に、Ｘに比べ基本給を高くしている。	＜問題とならない例③＞ ・C社においては、同じ職場で同一の業務を担当している有期雇用労働者であるＸとＹのうち、職業経験・能力が一定の水準を満たしたＹを定期的に職務内容や勤務地に変更がある無期雇用フルタイム労働者に登用し、転換後の賃金を職務内容や勤務地に変更があることを理由に、Ｘに比べ高い賃金水準としている。
ニ　A社においては、同一の能力又は経験を有する通常の労働者であるＸと短時間労働者であるＹがいるが、ＸとＹに共通して適用される基準を設定し、就業の時間帯や就業日が日曜日、土曜日又は国民の祝日に関する法律（昭和二十三年法律第百七十八号）に規定する休日（以下「土日祝日」という。）か否か等の	＜問題とならない例④＞ ・D社においては、同じ職業経験・能力の無期雇用フルタイム労働者であるＸとパートタイム労働者であるＹがいるが、就業時間について、その時間帯や土日祝日か否かなどの違いにより、ＸとＹに共通に適用される基準を設定し、時給（基本給）に差を設けている。

違いにより、時間当たりの基本給に差を設けている。 （問題となる例） 基本給について、労働者の能力又は経験に応じて支給しているA社において、通常の労働者であるXが有期雇用労働者であるYに比べて多くの経験を有することを理由として、Xに対し、Yよりも基本給を高くしているが、Xのこれまでの経験はXの現在の業務に関連性を持たない。	<問題となる例> ・基本給について労働者の職業経験・能力に応じて支給しているE社において、無期雇用フルタイム労働者であるXが有期雇用労働者であるYに比べて多くの職業経験を有することを理由として、Xに対して、Yよりも多額の支給をしているが、Xのこれまでの職業経験はXの現在の業務に関連性を持たない。
（２）基本給について、労働者の業績又は成果に応じて支給する場合 基本給について、労働者の業績又は成果に応じて支給する場合、通常の労働者と同一の業績又は成果を有する短時間・有期雇用労働者には、業績又は成果に応じた部分につき、同一の支給をしなければならない。また、業績又は成果に一定の相違がある場合においては、その相違に応じた支給をしなければならない。 なお、基本給とは別に、労働者の業績又は成果に応じた手当を支給する場合も同様である。	②基本給について、労働者の業績・成果に応じて支給しようとする場合 基本給について、労働者の業績・成果に応じて支給しようとする場合、無期雇用フルタイム労働者と同一の業績・成果を出している有期雇用労働者又はパートタイム労働者には、業績・成果に応じた部分につき、同一の支給をしなければならない。また、業績・成果に一定の違いがある場合においては、その相違に応じた支給をしなければならない。
（問題とならない例） イ　基本給の一部について、労働者の業績又は成果に応じて支給しているA社において、所定労働時間が通常の労働者の半分の短時間労働者であるXに対し、その販売実績が通常の労	<問題とならない例①> ・基本給の一部について労働者の業績・成果に応じて支給しているA社において、フルタイム労働者の半分の勤務時間のパートタイム労働者であるXに対し、無期雇用フルタイム労働者に設定されている販売目標の半分の数値に達した

働者に設定されている販売目標の半分の数値に達した場合には、通常の労働者が販売目標を達成した場合の半分を支給している。

ロ　A社においては、通常の労働者であるXは、短時間労働者であるYと同様の業務に従事しているが、Xは生産効率及び品質の目標値に対する責任を負っており、当該目標値を達成していない場合、待遇上のペナルティを課されている。その一方で、Yは、生産効率及び品質の目標値に対する責任を負っておらず、当該目標値を達成していない場合にも、待遇上のペナルティを課されていない。A社は、Xに対しYに比べ、ペナルティを課していることとのバランスに応じて基本給を高くしている。

（問題となる例）

基本給の一部について、労働者の業績又は成果に応じて支給しているA社において、通常の労働者が販売目標を達成した場合に行っている支給を、短時間労働者であるXについて通常の労働者と同一の販売目標を設定し、それを達成しない場合には行っていない。

場合には、無期雇用フルタイム労働者が販売目標を達成した場合の半分を支給している。

＜問題とならない例②＞

・B社においては、無期雇用フルタイム労働者であるXは、パートタイム労働者であるYと同様の仕事に従事しているが、Xは生産効率や品質の目標値に対する責任を負っており、目標が未達の場合、処遇上のペナルティを課されている。一方、Yは、生産効率や品質の目標値の達成の責任を負っておらず、生産効率が低かったり、品質の目標値が未達の場合にも、処遇上のペナルティを課されていない。B社はXに対しYに比べ、ペナルティを課していることとのバランスに応じた高額の基本給を支給している。

＜問題となる例＞

・基本給の一部について労働者の業績・成果に応じて支給しているC社において、無期雇用フルタイム労働者が販売目標を達成した場合に行っている支給を、パートタイム労働者であるXが無期雇用フルタイム労働者の販売目標に届かない場合には行っていない。

（注）基本給とは別に、「手当」として、労働者の業績・成果に応じた支給を行おうとする場合も同様である。

（３）基本給について、労働者の勤続年数に応じて支給する場合	③基本給について、労働者の勤続年数に応じて支給しようとする場合
基本給について、労働者の勤続年数に応じて支給する場合、通常の労働者と同一の勤続年数である短時間・有期雇用労働者には、勤続年数に応じた部分につき、同一の支給をしなければならない。また、勤続年数に一定の相違がある場合においては、その相違に応じた支給をしなければならない。	基本給について、労働者の勤続年数に応じて支給しようとする場合、無期雇用フルタイム労働者と同一の勤続年数である有期雇用労働者又はパートタイム労働者には、勤続年数に応じた部分につき、同一の支給をしなければならない。また、勤続年数に一定の違いがある場合においては、その相違に応じた支給をしなければならない。
（問題とならない例） 基本給について、労働者の勤続年数に応じて支給しているA社において、有期雇用労働者であるXに対し、当初の労働契約の開始時から通算して勤続年数を評価した上で支給している。	<問題とならない例> ・基本給について労働者の勤続年数に応じて支給しているA社において、有期雇用労働者であるXに対し、勤続年数について当初の雇用契約開始時から通算して勤続年数を評価した上で支給している。
（問題となる例） 基本給について、労働者の勤続年数に応じて支給しているA社において、有期雇用労働者であるXに対し、勤続年数について当初の労働契約の開始時から通算せず、その時点の労働契約の期間のみの評価により支給している。	<問題となる例> ・基本給について労働者の勤続年数に応じて支給しているB社において、有期雇用労働者であるXに対し、勤続年数について当初の雇用契約開始時から通算せず、その時点の雇用契約の期間のみの評価により支給している。

（4）昇給について、労働者の勤続による能力の向上に応じて行う場合 昇給について、労働者の勤続による能力の向上に応じて行う場合、通常の労働者と同様に勤続により能力が向上した短時間・有期雇用労働者には、勤続による能力の向上に応じた部分につき、同一の昇給を行わなければならない。また、勤続による能力の向上に一定の相違がある場合においては、その相違に応じた昇給を行わなければならない。	④昇給について、勤続による職業能力の向上に応じて行おうとする場合 昇給について、勤続による職業能力の向上に応じて行おうとする場合、無期雇用フルタイム労働者と同様に勤続により職業能力が向上した有期雇用労働者又はパートタイム労働者に、勤続による職業能力の向上に応じた部分につき、同一の昇給を行わなければならない。また、勤続による職業能力の向上に一定の違いがある場合においては、その相違に応じた昇給を行わなければならない。
（注）通常の労働者と短時間・有期雇用労働者との間に基本給、各種手当等の賃金に相違がある場合において、その要因として通常の労働者と短時間・有期雇用労働者の賃金の決定基準・ルールの相違があるときは、「通常の労働者と短時間・有期雇用労働者との間で将来の役割期待が異なるため、賃金の決定基準・ルールが異なる」等の主観的又は抽象的な説明では足りず、賃金の決定基準・ルールの相違は、通常の労働者と短時間・有期雇用労働者の職務の内容、当該職務の内容及び配置の変更の範囲その他の事情のうち、当該待遇の性質及び当該待遇を行う目的に照らして適切と認められるものの客観的及び具体的な実態に照らして、不合理なものであってはならない。 また、通常の労働者と定年後の継続雇用の有期雇用労働者との間の賃金の相違については、実際に両者の間に職務の内容、職務の内容及び配置の変更の範囲その他の事情の相違がある	（注）無期雇用フルタイム労働者と有期雇用労働者又はパートタイム労働者の間に基本給や各種手当といった賃金に差がある場合において、その要因として無期雇用フルタイム労働者と有期雇用労働者又はパートタイム労働者の賃金の決定基準・ルールの違いがあるときは、「無期雇用フルタイム労働者と有期雇用労働者又はパートタイム労働者は将来の役割期待が異なるため、賃金の決定基準・ルールが異なる」という主観的・抽象的説明では足りず、賃金の決定基準・ルールの違いについて、職務内容、職務内容・配置の変更範囲、その他の事情の客観的・具体的な実態に照らして不合理なものであってはならない。 また、無期雇用フルタイム労働者と定年後の継続雇用の有期雇用労働者の間の賃金差については、実際に両者の間に職務内容、職務内容・配置の変更範囲、その他の事情の違いが

場合は、その相違に応じた賃金の相違は許容される。

さらに、定年制の下における通常の労働者の賃金体系は、当該労働者が定年に達するまで長期間雇用することを前提に定められたものであることが少なくないと解される。これに対し、事業主が定年に達した者を有期雇用労働者として継続雇用する場合、当該者を長期間雇用することは通常予定されていない。また、定年に達した後に継続雇用される有期雇用労働者は、定年に達するまでの間、通常の労働者として賃金の支給を受けてきた者であり、一定の要件を満たせば老齢厚生年金の支給を受けることが予定されている。そして、このような事情は、定年に達した後に継続雇用される有期雇用労働者の賃金体系の在り方を検討するに当たって、その基礎になるものであるということができる。そうすると、有期雇用労働者が定年に達した後に継続雇用された者であることは、通常の労働者と当該有期雇用労働者との間の待遇の相違が不合理であるか否かを判断するに当たり、短時間・有期雇用労働法第八条における「その他の事情」として考慮される事情に当たりうる。また、定年に達した後に引き続き有期雇用労働者として雇用する場合の待遇について、例えば、労働組合等との交渉を経て、当該有期雇用労働者に配慮したものとしたことや、待遇の性質及び目的を踏まえつつ他の待遇の内容を考慮すると、通常の労働者との間の差が一定の範囲にとどまっていること、老齢厚生年金の報酬比例部分の支給が開始されるまでの間、一定の上乗せが行われること、定年退職に関連して退職一時金や企業年金の支給を受

ある場合は、その違いに応じた賃金差は許容される。なお、定年後の継続雇用において、退職一時金及び企業年金・公的年金の支給、定年後の継続雇用における給与の減額に対応した公的給付がなされていることを勘案することが許容されるか否かについては、今後の法改正の検討過程を含め、検討を行う。

長澤運輸事件最高裁判決を受けて追記

けていることなどの様々な事情が総合考慮されて、通常の労働者と当該有期雇用労働者との間の待遇の相違が不合理であるか否かが判断されるものと考えられる。したがって、当該有期雇用労働者が定年に達した後に継続雇用される者であることのみをもって、直ちに通常の労働者と当該有期雇用労働者との間の待遇の相違が不合理ではないとされるものではない。	
2　手当 （1）賞与について、会社の業績等への労働者の貢献に応じて支給する場合 賞与について、会社の業績等への労働者の貢献に応じて支給する場合、通常の労働者と同一の貢献である短時間・有期雇用労働者には、貢献に応じた部分につき、同一の賞与を支給しなければならない。また、貢献に一定の相違がある場合においては、その相違に応じた賞与を支給しなければならない。	（2）手当 ①賞与について、会社の業績等への貢献に応じて支給しようとする場合 賞与について、会社の業績等への貢献に応じて支給しようとする場合、無期雇用フルタイム労働者と同一の貢献である有期雇用労働者又はパートタイム労働者には、貢献に応じた部分につき、同一の支給をしなければならない。また、貢献に一定の違いがある場合においては、その相違に応じた支給をしなければならない。
（問題とならない例） イ　賞与について、会社の業績等への労働者の貢献に応じた支給をしているA社において、通常の労働者であるXと同一の会社の業績等への貢献がある有期雇用労働者であるYに対して、Xと同一の支給をしている。	＜問題とならない例①＞ ・賞与について、会社の業績等への貢献に応じた支給をしているA社において、無期雇用フルタイム労働者であるXと同一の会社業績への貢献がある有期雇用労働者であるYに対して、Xと同一の支給をしている。 ＜問題とならない例②＞

ロ　Ａ社においては、通常の労働者であるＸは、生産効率及び品質の目標値に対する責任を負っており、当該目標値を達成していない場合、待遇上のペナルティを課されている。その一方で、通常の労働者であるＹや、有期雇用労働者であるＺは、生産効率及び品質の目標値に対する責任を負っておらず、当該目標値を達成していない場合にも、待遇上のペナルティを課されていない。Ａ社は、Ｘに対し、賞与を支給しているが、ＹやＺに対しては、ペナルティを課していないこととの見合いの範囲内で、賞与を支給していない。	・Ｂ社においては、無期雇用フルタイム労働者であるＸは、生産効率や品質の目標値に対する責任を負っており、目標が未達の場合、処遇上のペナルティを課されている。一方、無期雇用フルタイム労働者であるＹや、有期雇用労働者であるＺは、生産効率や品質の目標値の達成の責任を負っておらず、生産効率が低かったり、品質の目標値が未達の場合にも、処遇上のペナルティを課されていない。Ｂ社はＸに対して賞与を支給しているが、ＹやＺに対しては、ペナルティを課していないこととの見合いの範囲内で、支給していない。
（問題となる例） イ　賞与について、会社の業績等への労働者の貢献に応じた支給をしているＡ社において、通常の労働者であるＸと同一の会社の業績等への貢献がある有期雇用労働者であるＹに対し、Ｘと同一の支給をしていない。	<問題となる例①> ・賞与について、会社の業績等への貢献に応じた支給をしているＣ社において、無期雇用フルタイム労働者であるＸと同一の会社業績への貢献がある有期雇用労働者であるＹに対して、Ｘと同一の支給をしていない。
ロ　賞与について、Ａ社においては、通常の労働者には職務の内容や貢献等にかかわらず全員に支給しているが、短時間・有期雇用労働者には支給していない。	<問題となる例②> ・賞与について、Ｄ社においては、無期雇用フルタイム労働者には職務内容や貢献等にかかわらず全員に支給しているが、有期雇用労働者又はパートタイム労働者には支給していない。
（２）役職手当について、役職の内容（責任の程度）に対して支	②役職手当について、役職の内容、責任の範囲・程

給する場合 役職手当について、役職の内容（責任の程度）に対して支給する場合、通常の労働者と同一の内容の役職に就く短時間・有期雇用労働者には、同一の役職手当を支給しなければならない。また、役職の内容に一定の相違がある場合においては、その相違に応じた役職手当を支給しなければならない。	度に対して支給しようとする場合 役職手当について、役職の内容、責任の範囲・程度に対して支給しようとする場合、無期雇用フルタイム労働者と同一の役職·責任に就く有期雇用労働者又はパートタイム労働者には、同一の支給をしなければならない。また、役職の内容、責任に一定の違いがある場合においては、その相違に応じた支給をしなければならない。
（問題とならない例） イ　役職手当について、役職の内容（責任の程度）に対して支給しているＡ社において、通常の労働者であるＸと同一の役職名（例えば店長）であって同一の内容（例えば営業時間中の店舗の適切な運営）の役職に就く有期雇用労働者であるＹに対し、同一の役職手当を支給している。	＜問題とならない例①＞ ・役職手当について役職の内容、責任の範囲・程度に対して支給しているＡ社において、無期雇用フルタイム労働者であるＸと同一の役職名（例：店長）で役職の内容・責任も同一である役職に就く有期雇用労働者であるＹに、同一の役職手当を支給している。
ロ　役職手当について、役職の内容（責任の程度）に対して支給しているＡ社において、通常の労働者であるＸと同一の役職名であって同一の内容の役職に就く短時間労働者であるＹに、所定労働時間に比例した役職手当（例えば、所定労働時間が通常の労働者の半分の短時間労働者にあっては、通常の労働者の半分の役職手当）を支給している。	＜問題とならない例②＞ ・役職手当について役職の内容、責任の範囲・程度に対して支給しているＢ社において、無期雇用フルタイム労働者であるＸと同一の役職名（例：店長）で役職の内容・責任も同じ（例：営業時間中の店舗の適切な運営）である役職に就く有期雇用パートタイム労働者であるＹに、時間比例の役職手当（例えば、労働時間がフルタイム労働者の半分のパートタイム労働者には、フルタイム労働者の半分の役職手当）を支給している。

（問題となる例） 役職手当について、役職の内容（責任の程度）に対して支給しているA社において、通常の労働者であるXと同一の役職名であって同一の内容の役職に就く有期雇用労働者であるYに、Xに比べて役職手当を低くしている。	＜問題となる例＞ ・役職手当について役職の内容、責任の範囲・程度に対して支給しているC社において、無期雇用フルタイム労働者であるXと同一の役職名（例：店長）で役職の内容・責任も同一である役職に就く有期雇用労働者であるYに、Xに比べて低額の役職手当を支給している。
（３）業務の危険度又は作業環境に応じて支給される特殊作業手当 通常の労働者と同一の危険度又は作業環境の業務に従事する短時間・有期雇用労働者には、同一の特殊作業手当を支給しなければならない。	③業務の危険度又は作業環境に応じて支給される特殊作業手当 無期雇用フルタイム労働者と同一の危険度又は作業環境の業務に当たる有期雇用労働者又はパートタイム労働者には同一の支給をしなければならない。
（４）交替制勤務等の勤務形態に応じて支給される特殊勤務手当 通常の労働者と同一の勤務形態で業務に従事する短時間・有期雇用労働者には、同一の特殊勤務手当を支給しなければならない。	④交替制勤務など勤務形態に応じて支給される特殊勤務手当 無期雇用フルタイム労働者と同一の勤務形態で業務に当たる有期雇用労働者又はパートタイム労働者には同一の支給をしなければならない。
（問題とならない例） イ　A社においては、通常の労働者か短時間・有期雇用労働者かの別を問わず、就業する時間帯又は曜日を特定して就業する労働者については、労働者の採用が難しい時間帯（早	＜問題とならない例①＞ ・A社においては、無期雇用フルタイム労働者・有期雇用労働者・パートタイム労働者の別を問わず、勤務曜日・時間を特定して勤務する労働者については、採用が難しい曜日（土日

朝又は深夜）又は曜日（土日祝日）に就業する場合に時給に上乗せして特殊勤務手当を支給するが、それ以外の労働者にはそのような上乗せをして支給していない。	祝祭日）や時間帯（早朝・深夜）の時給を上乗せして支給するが、それ以外の労働者にはそのような上乗せ支給はしない。
ロ　A社においては、通常の労働者であるXについては、入社に当たり、交替制勤務に従事することは必ずしも確定しておらず、生産の都合等に応じて通常勤務に従事することもあれば、交替制勤務に従事することもあり、交替制勤務に従事した場合に限り特殊勤務手当が支給されている。短時間労働者であるYについては、採用に当たり、交替制勤務に従事することが明確にされた上で入社し、Yの基本給には、通常の労働者に支給される特殊勤務手当と同一の交替制勤務の負荷分が盛り込まれており、Yには、実際に通常勤務のみに従事する短時間労働者に比べ基本給を高くしている。A社はXに対し、特殊勤務手当を支給しているが、Yに対しては支給していない。	＜問題とならない例②＞ ・B社においては、無期雇用フルタイム労働者であるXは、入社に当たり、交替制勤務に従事することは必ずしも確定しておらず、生産の都合等に応じて通常勤務に従事することもあれば、交替制勤務に従事することもあり、交替制勤務に従事した場合に限り特殊勤務手当が支給されている。パートタイム労働者であるYは、採用に当たり、交替制勤務に従事することが明確にされた上で入社し、無期雇用フルタイム労働者に支給される特殊勤務手当と同一の交替制勤務の負荷分が基本給に盛り込まれており、実際に通常勤務のみに従事するパートタイム労働者に比べ高い基本給が支給されている。Xには特殊勤務手当が支給されているが、Yには支給されていない。
（5）精皆勤手当 通常の労働者と業務の内容が同一の短時間・有期雇用労働者には、同一の精皆勤手当を支給しなければならない。	⑤精皆勤手当 無期雇用フルタイム労働者と業務内容が同一の有期雇用労働者又はパートタイム労働者には同一の支給をしなければならない。
（問題とならない例）	＜問題とならない例＞

Ａ社においては、考課上、欠勤についてマイナス査定を行い、かつ、そのことを待遇に反映する通常の労働者であるＸには、一定の日数以上出勤した場合に精皆勤手当を支給しているが、考課上、欠勤についてマイナス査定を行っていない有期雇用労働者であるＹには、マイナス査定を行っていないこととの見合いの範囲内で、精皆勤手当を支給していない。	・Ａ社においては、考課上、欠勤についてマイナス査定を行い、かつ、処遇反映を行っている無期雇用フルタイム労働者であるＸには、一定の日数以上出勤した場合に精皆勤手当を支給するが、考課上、欠勤についてマイナス査定を行っていない有期雇用労働者であるＹには、マイナス査定を行っていないこととの見合いの範囲内で、精皆勤手当を支給していない。
（６）時間外労働に対して支給される手当 通常の労働者の所定労働時間を超えて、通常の労働者と同一の時間外労働を行った短時間・有期雇用労働者には、通常の労働者の所定労働時間を超えた時間につき、同一の割増率等で、時間外労働に対して支給される手当を支給しなければならない。	⑥時間外労働手当 無期雇用フルタイム労働者の所定労働時間を超えて同一の時間外労働を行った有期雇用労働者又はパートタイム労働者には、無期雇用フルタイム労働者の所定労働時間を超えた時間につき、同一の割増率等で支給をしなければならない。
（７）深夜労働又は休日労働に対して支給される手当 通常の労働者と同一の深夜労働又は休日労働を行った短時間・有期雇用労働者には、同一の割増率等で、深夜労働又は休日労働に対して支払われる手当を支給しなければならない。	⑦深夜・休日労働手当 無期雇用フルタイム労働者と同一の深夜・休日労働を行った有期雇用労働者又はパートタイム労働者には、同一の割増率等で支給をしなければならない。
（問題とならない例） Ａ社においては、通常の労働者であるＸと時間数及び職務の内容が同一の深夜労働又は休日労働を行った短時間労働者であるＹに、同一の深夜労働又は休日労働に対して支給され	<問題とならない例> ・Ａ社においては、無期雇用フルタイム労働者であるＸと同じ時間、深夜・休日労働を行ったパートタイム労働者であるＹに、同一の深夜・休日労働手当を支給している。

る手当を支給している。	
（問題となる例） A社においては、通常の労働者であるXと時間数及び職務の内容が同一の深夜労働又は休日労働を行った短時間労働者であるYに、深夜労働又は休日労働以外の勤務時間が短いことから、深夜労働又は休日労働に対して支給される手当の単価も通常の労働者より低くしている。	＜問題となる例＞ ・B社においては、無期雇用フルタイム労働者であるXと同じ時間、深夜・休日労働を行ったパートタイム労働者であるYに、勤務時間が短いことから、深夜・休日労働手当の単価もフルタイム労働者より低くしている。
「採用圏を限定」することは公正な採用選考との関係で問題があるため、事例を修正	
（８）通勤手当及び出張旅費 短時間・有期雇用労働者にも、通常の労働者と同一の通勤手当及び出張旅費を支給しなければならない。	⑧通勤手当・出張旅費 有期雇用労働者又はパートタイム労働者にも、無期雇用フルタイム労働者と同一の支給をしなければならない。
（問題とならない例） イ　A社においては、一般の採用である通常の労働者に対し、交通費実費の全額に相当する通勤手当を支給しているが、A社の近隣から通える範囲での通勤手当の上限を設定して採用した短時間労働者に対しては、当該上限の額の範囲内で通勤手当を支給しているところ、短時間労働者であるXが、その後、本人の都合で通勤手当の上限の額の範囲の外へ転居し	＜問題とならない例①＞ ・A社においては、採用圏を限定していない無期雇用フルタイム労働者については、通勤手当は交通費実費の全額を支給している。他方、採用圏を近隣に限定しているパートタイム労働者であるXが、その後、本人の都合で圏外へ転居した場合には、圏内の公共交通機関の費用の限りにおいて、通勤手当の支給を行っている。

た場合には、当該上限の額の範囲内で通勤手当を支給している。	
ロ　A社においては、通勤手当について、所定労働日数が多い（例えば週４日以上）通常の労働者及び短時間・有期雇用労働者には、月額の定期券の金額に相当する額を支給しているが、所定労働日数が少ない（例えば週３日以下）又は出勤日数が変動する短時間・有期雇用労働者には、日額の交通費に相当する額を支給している。	<問題とならない例②> ・B社においては、所定労働日数が多い（週４日以上）無期雇用フルタイム労働者、有期雇用労働者又はパートタイム労働者には、月額の定期代を支給するが、所定労働日数が少ない（週３日以下）又は出勤日数が変動する有期雇用労働者又はパートタイム労働者には日額の交通費を支給している。
（９）労働時間の途中に食事のための休憩時間がある労働者に対する食費の負担補助として支給する食事手当 短時間・有期雇用労働者にも、通常の労働者と同一の食事手当を支給しなければならない。	⑨勤務時間内に食事時間が挟まれている労働者に対する食費の負担補助として支給する食事手当 有期雇用労働者又はパートタイム労働者にも、無期雇用フルタイム労働者と同一の支給をしなければならない。
（問題とならない例） A社においては、その労働時間の途中に昼食のための休憩時間がある通常の労働者であるXに支給している食事手当を、その労働時間の途中に昼食のための休憩時間がない（例えば午後２時から５時までの勤務）短時間労働者であるYには支給していない。	<問題とならない例> ・A社においては、昼食時間帯を挟んで勤務している無期雇用フルタイム労働者であるXに支給している食事手当を、午後２時から５時までの勤務時間のパートタイム労働者であるYには支給していない。

（問題となる例） Ａ社においては、通常の労働者であるＸには、有期雇用労働者であるＹに比べ、食事手当を高くしている。	＜問題となる例＞ ・Ｂ社においては、無期雇用フルタイム労働者であるＸには、高額の食事手当を支給し、有期雇用労働者であるＹには低額の食事手当を支給している。
（１０）単身赴任手当 通常の労働者と同一の支給要件を満たす短時間・有期雇用労働者には、同一の単身赴任手当を支給しなければならない。	⑩単身赴任手当 無期雇用フルタイム労働者と同一の支給要件を満たす有期雇用労働者又はパートタイム労働者には、同一の支給をしなければならない。
（１１）特定の地域で働く労働者に対する補償として支給する地域手当 通常の労働者と同一の地域で働く短時間・有期雇用労働者には、同一の地域手当を支給しなければならない。	⑪特定の地域で働く労働者に対する補償として支給する地域手当 無期雇用フルタイム労働者と同一の地域で働く有期雇用労働者又はパートタイム労働者には、同一の支給をしなければならない。
（問題とならない例） Ａ社においては、通常の労働者であるＸには全国一律の基本給の体系を適用している一方で、転勤があることから、地域の物価等を勘案した地域手当を支給しているが、有期雇用労働者であるＹと短時間労働者であるＺについては、それぞれの地域で採用し、それぞれの地域で基本給を設定しており、その中で地域の物価が基本給に盛り込まれているため、地域手当を支給していない。	＜問題とならない例＞ ・Ａ社においては、無期雇用フルタイム労働者であるＸには全国一律の基本給体系である一方、転勤があることから、地域の物価等を勘案した地域手当を支給しているが、有期雇用労働者であるＹとパートタイム労働者であるＺには、それぞれの地域で採用、それぞれの地域で基本給を設定しており、その中で地域の物価が基本給に盛り込まれているため、地域手当は支給していない。

（問題となる例） 　A社においては、通常の労働者であるXと有期雇用労働者であるYにはいずれも全国一律の基本給の体系を適用しており、かつ、いずれも転勤があるにもかかわらず、Yには地域手当を支給していない。	＜問題となる例＞ ・B社においては、無期雇用フルタイム労働者であるXと有期雇用労働者であるYはいずれも全国一律の基本給体系であり、かつ、いずれも転勤があるにもかかわらず、Yには地域手当を支給していない。
3　福利厚生 （1）福利厚生施設（給食施設、休憩室及び更衣室） 　通常の労働者と同一の事業所で働く短時間・有期雇用労働者には、同一の福利厚生施設（給食施設、休憩室及び更衣室）の利用を認めなければならない。	（3）福利厚生 ①福利厚生施設（食堂、休憩室、更衣室） 無期雇用フルタイム労働者と同一の事業場で働く有期雇用労働者又はパートタイム労働者には、同一の利用を認めなければならない。
（2）転勤者用社宅 　通常の労働者と同一の支給要件（例えば転勤の有無、扶養家族の有無、住宅の賃貸、収入の額）を満たす短時間・有期雇用労働者には、同一の転勤者用社宅の利用を認めなければならない。	②転勤者用社宅 無期雇用フルタイム労働者と同一の支給要件（転勤の有無、扶養家族の有無、住宅の賃貸、収入の額など）を満たす有期雇用労働者又はパートタイム労働者には、同一の利用を認めなければならない。
（3）慶弔休暇並びに健康診断に伴う勤務免除及び有給保障 　短時間・有期雇用労働者にも、通常の労働者と同一の慶弔休暇並びに健康診断に伴う勤務免除及び有給保障を付与しなければならない。	③慶弔休暇、健康診断に伴う勤務免除・有給保障 有期雇用労働者又はパートタイム労働者にも、無期雇用フルタイム労働者と同一の付与をしなければならない。

（問題とならない例） Ａ社においては、通常の労働者であるＸと同様の出勤日が設定されている短時間労働者であるＹに対しては、通常の労働者と同様に慶弔休暇を付与しているが、週２日の勤務の短時間労働者であるＺに対しては、勤務日の振替での対応を基本としつつ、振替が困難な場合のみ慶弔休暇を付与している。	＜問題とならない例＞ ・Ａ社においては、慶弔休暇について、無期雇用フルタイム労働者であるＸと同様の出勤日が設定されているパートタイム労働者であるＹに対しては、無期雇用フルタイム労働者と同様に付与しているが、週２日の短日勤務のパートタイム労働者であるＺに対しては、勤務日の振替での対応を基本としつつ、振替が困難な場合のみ慶弔休暇を付与している。
（４）病気休職 短時間労働者（有期雇用労働者である場合を除く。）には、通常の労働者と同一の病気休職を認めなければならない。また、有期雇用労働者にも、労働契約の残存期間を踏まえて、病気休職を認めなければならない。	④病気休職 無期雇用パートタイム労働者には、無期雇用フルタイム労働者と同一の付与をしなければならない。また、有期雇用労働者にも、労働契約の残存期間を踏まえて、付与をしなければならない。
（問題とならない例） Ａ社においては、労働契約の期間が１年である有期雇用労働者であるＸについて、病気休職の期間は労働契約の期間が終了する日までとしている。	＜問題とならない例＞ ・Ａ社においては、契約期間が１年である有期雇用労働者であるＸに対し、病気休職の期間は契約期間の終了日までとしている。
（５）法定外の有給の休暇その他の法定外の休暇（慶弔休暇を除く。）について、勤続期間に応じて認めている場合 法定外の有給の休暇その他の法定外の休暇（慶弔休暇を除く。）について、勤続期間に応じて認めている場合、通常の労働者と同一の勤続期間である短時間・有期雇用労働者には、同一	⑤法定外年休・休暇（慶弔休暇を除く）について、勤続期間に応じて認めている場合 法定外年休・休暇（慶弔休暇を除く）について、勤続期間に応じて認めている場合、無期雇用フルタイム労働者と同一の勤続期間である有期雇用労働者又はパートタイム労働者には、同一の付与をしなければならない。な

の付与をしなければならない。なお、期間の定めのある労働契約を更新している場合には、当初の労働契約の開始時から通算した期間を勤続期間として算定することを要する。	お、有期労働契約を更新している場合には、当初の契約期間から通算した期間を勤続期間として算定することを要する。
（問題とならない例） Ａ社においては、長期勤続者を対象とするリフレッシュ休暇について、業務に従事した時間全体を通じた貢献に対する報償という趣旨で付与していることから、通常の労働者であるＸに対し、勤続１０年で３日、２０年で５日、３０年で７日の休暇を付与しており、短時間労働者であるＹに対して、所定労働時間に比例した日数を付与している。	<問題とならない例> ・Ａ社においては、長期勤続者を対象とするリフレッシュ休暇について、業務に従事した時間全体を通じた貢献に対する報償の趣旨で付与していることから、無期雇用フルタイム労働者であるＸに対し勤続１０年で３日、２０年で５日、３０年で７日という休暇を付与しており、無期雇用パートタイム労働者であるＹに対して、労働時間に比例した日数を付与している。
４　その他 （１）教育訓練について、現在の職務の遂行に必要な技能又は知識を習得するために実施する場合 教育訓練について、現在の職務の遂行に必要な技能又は知識を習得するために実施する場合、通常の労働者と職務の内容が同一である短時間・有期雇用労働者には、同一の実施をしなければならない。また、職務の内容に一定の相違がある場合においては、その相違に応じた実施をしなければならない。	（４）その他 ①教育訓練について、現在の職務に必要な技能・知識を習得するために実施しようとする場合 教育訓練について、現在の職務に必要な技能・知識を習得するために実施しようとする場合、無期雇用フルタイム労働者と同一の職務内容である有期雇用労働者又はパートタイム労働者には、同一の実施をしなければならない。また、職務の内容、責任に一定の違いがある場合においては、その相違に応じた実施をしなければならない。

（2）安全管理に関する措置及び給付 通常の労働者と同一の業務環境に置かれている短時間・有期雇用労働者には、同一の安全管理に関する措置及び給付をしなければならない。	②安全管理に関する措置・給付 無期雇用フルタイム労働者と同一の業務環境に置かれている有期雇用労働者又はパートタイム労働者には、同一の支給をしなければならない。

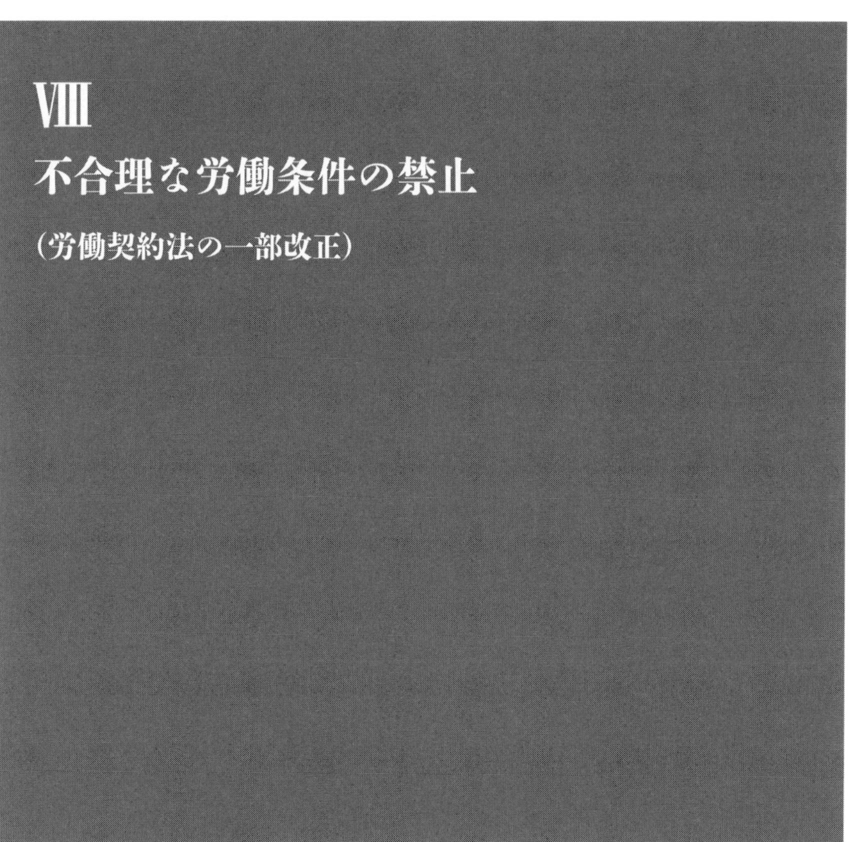

Ⅷ 不合理な労働条件の禁止（労働契約法の一部改正）

1. 不合理な労働条件の禁止のパート有期法への移管

▶ パート有期法への移管

Q43 なぜ、労働契約法が一部改正され、パート有期法ができたのですか？

Answer.

これまで、有期雇用労働者に関する規定（法律）とパートタイム労働者に関する規定（法律）が別個に定められていましたが、働き方改革関連法の改正に伴い、労働契約法第 20 条を削除し、有期雇用労働者とパートタイム労働者の両者について共通する１つの法律「短時間労働者及び有期雇用労働者の雇用管理の改善等に関する法律」（パート有期法）で規制することになりました。

（弁護士　髙木 健至）

▶パート有期法の施行日までにすべきこと

Q44 パート有期法の施行日までに企業として対策すべきことは何ですか？

Answer.

パート有期法施行日前であっても、ハマキョウレックス事件、長澤運輸事件の両最高裁判決（最二平 30.6.1）における、現行法の労働契約法第20条の解釈のなかで、改正後のパート有期法の内容が先取りされており、同判決には事実上法規範性が認められますので、企業としては、施行日を待たずに早急に対応する必要があります。

【解説】

ハマキョウレックス事件は、労働契約法第20条の趣旨・目的について職務の内容等の違いに応じた均衡のとれた処遇を求める規定としたうえで、有期契約労働者と無期契約労働者との労働条件の相違が労働契約法第20条に違反する場合における当該有期契約労働者の労働条件について、無期契約労働者の労働条件と同一のものとなるものではなく、労働契約法第20条にいう「期間の定めがあることにより」の解釈としては期間の定めの有無に関連して生じたもので足りると判示しました。

その上で、職務が異なる場合についても均衡を求めたうえで、不合理か否かの判断要素に、労使間の交渉や使用者の経営判断を尊重すべき面があることを認めました。ただし、この経営判断には、会社法の経営判断の原則におけるそれよりは縛りがあるようで、パート有期法第8条の「その他の事情のうち、当該待遇の性質及び当該待遇を行う目的に照らして適切と認められるものを考慮」と歯止めがかかっていると評価されています。

結果としては、各支給項目ごとに①「職務の内容（業務内容・責任の程度）」、②「職務の内容及び配置の変更の範囲」、③「その他の事情」の要素を考慮し、皆勤手当不支給、無事故手当、作業手当、給食手当及び通勤手当の不合理性を肯定する結果となりました。

一方で、長澤運輸事件は、ハマキョウレックス事件判決を引用したうえで、定年後再雇用という事情についてその他の事情としての職務内容及び変更範囲以外の広範な「その他の事情」の考慮を肯定しました。

その上で、個々の賃金項目の趣旨を個別考慮した不合理性判断の必要性、賃金総額の比較のみでなく個々の賃金項目の趣旨を個別考慮の必要性、賃金項目間の関連性への考慮の必要性に言及し、労働契約法第20条における個々の処遇ごとの不合理性判断の枠組を示し、当該枠組の中で個別処遇の不合理性の存否を判断しました。

○ 企業の実務対応

従って、パート有期法施行日前であっても、ハマキョウレックス事件、長澤運輸事件の両最高裁判決における現行法の労働契約法第20条の解釈のなかで、改正後のパート有期法の内容が先取りされており、同判決には事実上法規範性が認められますので、企業としては、施行日を待たずに早急に対応する必要があります。

（弁護士　髙木 健至）

2. 非正規雇用労働者に対する待遇に関する説明義務の強化

▶非正規雇用労働者（短時間労働者・有期雇用労働者）への説明義務

Q45 非正規雇用労働者の正規雇用労働者との待遇差の内容・理由等に関する説明について、どのような義務化が行われましたか？

Answer.

有期雇用労働者について、雇入れ時の待遇内容等の説明義務（パート有期法14条1項）、正規雇用労働者との待遇差の内容・理由等の説明義務（同条2項）、有期雇用労働者・短時間労働者について不利益取扱いの禁止（同条3項）をする条文が新設されました。

【解説】

これまで、短時間労働者について、事業主に対し

① 特定事項（昇給・賞与・退職手当の有無）に関する文書交付等による明示義務、その他労働条件に関する文書交付等による明示の努力義務

② 待遇の内容等説明義務（雇入れ時）

③ 待遇決定等に際しての考慮事項に関する説明義務

が課されていました。

本改正により、対象者の範囲を拡大し、これまでの短時間労働者に加え、有期雇用労働者についても、雇入れ時の待遇内容等の説明義務を課す条文（改正パートタイム労働法14条1項）説明を求めた場合に使用者の無期契約労働者との待遇差の内容・理由等の説明義務を課す条文を創設しました（パート有期法14条2項）。

さらに、短時間労働者・有期契約労働者がこのような説明を求めた場合の不利益に対する不安から説明を求められないことのないよう、事業主に対し、説明を求めたことを理由とする不利益取扱いを禁止する条文が創設されました（パート有期法14条3項）。ここでいう「不利益取扱い」には、解雇、配置転換、降格、減給、昇給停止、出勤停止、労働契約の更新拒否等が該当します。

実務的には、事業主としては、これらの労働者から説明義務の履行を求められた場合には、対応する必要がありますし、説明義務の履行を求めたものに対し不利益取扱いをすることのないよう対応しなければなりません。

（弁護士　高木 健至）

3. 行政による履行確保措置及び裁判外紛争解決手続（行政 ADR）の整備

▶履行確保措置、行政 ADR

Q46 「Ⅶ 1. 不合理な待遇差を解消するための規定の整備」の義務や「Ⅷ 2. 非正規雇用労働者に対する待遇に関する説明義務の強化」の説明義務について、行政による履行確保措置及び行政 ADR はどのような内容ですか？

Answer.

行政による履行確保措置としては、厚生労働大臣は、事業主が通常の労働者と同視すべき有期雇用労働者について労働条件に関する文書の交付等（パート有期法 6 条 1 項）や差別的取扱いの禁止（同法 9 条）等同法第 18 条第 2 項に規定された各条に違反する場合に行われる勧告に従わない場合その旨を公表することができるようになりました（同法 18 条 2 項、1 項）。

行政 ADR については、有期雇用労働者に関する紛争について行政 ADR 手続の利用が可能となり（パート有期法 24 条 1 項）、労働者がこれを求めたことによる不利益取扱いの禁止が明記され（同条 2 項）、都道府県労働局長が援助の申し出に関する紛争について調停手続に付託することができる（同条 3 項）ようになりました。

【解説】

本改正は、これまで短時間労働者保護のために定められていた法規制について、その対象を有期雇用労働者にまで拡張し、行政による履行確保措置についても有期雇用労働者が対象とされることとなりました。

具体的には、労働条件に関する文書の交付等（パート有期法6条1項）や差別的取扱いの禁止（同法9条）等同法第18条第2項に規定された各条に違反する場合に行われる勧告に従わない場合その旨を公表することができると定められました。

一方、これまで、有期雇用労働者について不合理な待遇の禁止に関する紛争について、裁判が行われていましたが、裁判手続は、労使双方にとって、労力・費用の負担が大きく利用が容易ではない側面がありました。そこで、これを解消する意図で有期雇用労働者についての不合理な待遇の禁止に関する紛争について行政ADR手続を利用が可能になりました。

具体的内容としては、事業主、もしくは、労働者から解決について援助の求めがあった場合、都道府県労働局長による紛争解決の援助（パート有期法24条1項）を受けることが可能になりました。

加えて、当該手続へアクセスしたことによって、不利益取扱いを受けるのではないかという労働者の心理的に阻害する要因を排除するために、当該援助を求めたことによる不利益取扱いを禁止する規定も設けられました（パート有期法24条2項）。

都道府県労働局長が援助の申し出に関する紛争について調停手続に付託することができる（パート有期法24条3項）とされましたので、事案によっては、調停手続への対応を要する場合も出てきます。

調停手続は、紛争調整委員会から調停委員3名が選出され、これらの調停委員が労使双方の当事者の出頭を求め、当事者の意見を聴取し、その上で、委員会は調停案を提示し、これに応じるよう勧告することも可能です。

○ 企業の実務対応

事業主としては、積極的にこれらの行政ADRを活用し、紛争解決に向け対応する解決について援助の求めるということも可能ですが、労働者からの申立に対する対応を行うことが増加するとも考えられますので、これらの手続について理解しておく必要があります。

（弁護士　高木 健至）

Q&A
働き方改革法の解説と企業の実務対応

発 行 日　2018 年 11 月 1 日
代表編集　岩出　誠

発 行 者　橋詰 守
発 行 所　株式会社 ロギカ書房
〒 101-0052
東京都千代田区神田小川町 2 丁目 8 番地
進盛ビル 303 号
Tel 03（5244）5143
Fax 03（5244）5144
http://logicashobo.co.jp/
印刷・製本　藤原印刷株式会社

978-4-909090-14-0　C2034

（著作・論文）『人材サービスの実務』（共著・第一法規）、『育児休業前に問題があったとする社員への育児休業取得後の解雇』（ダイバーシティ 21、公益財団法人 21 世紀職業財団）など。

結城　優（ゆうき ゆう）

弁護士（東京弁護士会）
2012 年　東京大学法学部卒業
2014 年　中央大学法科大学院修了
2015 年　弁護士登録
（主な著書）『新労働事件実務マニュアル〔第 4 版〕』（共著・ぎょうせい）、『人材サービスの実務』（共著・第一法規）、『実務 Q&A シリーズ 募集・採用・内定・入社・試用期間』（共著・労務行政研究所）、『有期契約社員の無期転換制度 実務対応のすべて』（共著・日本加除出版）のほか、『労政時報』などの専門誌への寄稿多数。

ナーも定期的に執筆。

織田 康嗣 （おだ やすつぐ）

弁護士（東京弁護士会）
中央大学法学部卒業、中央大学法科大学院修了
（主な著書等）『人材サービスの実務』（共著・第一法規）のほか、『労政時報』の専門誌等への寄稿多数。

髙木 健至 （たかぎ けんじ）

弁護士（東京弁護士会）
早稲田大学社会科学部卒業、北海道大学大学院法学研究科法律実務専攻修了。中小企業法律支援センター委員・労働法制特別委員会元幹事
（主な著書等）『新労働事件実務マニュアル〔第4版〕』（共著・ぎょうせい）、『実務Q&Aシリーズ「懲戒処分・解雇」、「募集・採用・内定・入社・試用期間」』（共著・労務行政研究所）『有期契約社員の無期転換制度実務対応のすべて』（共著・日本加除出版）『人材サービスの実務』（共著・第一法規）のほか、「ビジネス法務」等専門誌への寄稿多数。

村木 高志 （むらき たかし）

弁護士（東京弁護士会）
早稲田大学法学部卒業
平成17年10月　弁護士登録・ロア・ユナイテッド法律事務所入所
平成25年10月　ロア・ユナイテッド法律事務所パートナー就任
（主な著書）『アルバイト・パートのトラブル相談Q&A』（共著・民事法研究会　2017年）、『実務Q&Aシリーズ　募集・採用・内定・入社・試用期間』（共著・労務行政研究所　2017年）、『労働事件　立証と証拠収集』（共著・創耕舎　2014年）、『新版　新・労働法実務相談（第2版）』（共著・労務行政研究所　2014年）、『メンタルヘルスの法律問題　企業対応の実務』（共著・青林書院　2014年）等、多数執筆。

山﨑 貴広 （やまさき たかひろ）

弁護士（東京弁護士会）
2014年　早稲田大学法学部卒業
2016年　早稲田大学法科大学院修了
2016年　司法試験合格
2017年　ロア・ユナイテッド法律事務所入所

に対する企業責任と労災上積み補償制度」)、『人事労務担当者の疑問に応える　平成24年改正改正労働者派遣法』(第一法規)、『新版・労働関係法改正にともなう就業規則変更の実務』(清文社)、『平成24年改正労働法の企業対応』(中央経済社)、『変貌する有期労働契約法制と企業の実務対応』(日本法令)、『実務解説　労働争訟手続法』(青林書院)、『判例にみる労務トラブル解決のための方法・文例〔第2版〕』(中央経済社)、『労災民事訴訟の実務』(ぎょうせい)、ほか多数。

(論文)「従業員の健康管理をめぐる法的諸問題」日本労働研究雑誌441号12頁、「脳・心臓疾患等の労災認定基準改正の与える影響」ジュリスト1069号47頁、「パワハラによる自殺と企業の賠償責任」(ダイバーシティ21　2010／秋　第2号12頁)、「派遣元・派遣先に求められる実務対応」(単著、ビジネスロー・ジャーナル平成22年8月、29号38頁)、「会社分割に伴う労働契約承継手続と同手続違反の効果」－日本アイ・ビー・エム事件－(商事法務1915号4頁)、「偽装請負的態様で就労中の派遣労働者の過労自殺と企業責任」(ジュリスト1414号252頁)、ほか多数。

執筆者略歴

岩楯 めぐみ (いわだて めぐみ)

特定社会保険労務士
社会保険労務士事務所 岩楯人事労務コンサルティング代表
名古屋大学経済学部卒業。2015年8月よりロア・ユナイテッド法律事務所へ入所、客員特定社会保険労務士として現在に至る。

(主な著書)『まるわかり労務コンプライアンス』(共著・労務行政研究所)、『企業再編・組織再編 実践入門』(共著・日本実業出版社) などがある。

岩野 高明 (いわの たかあき)

弁護士 (東京弁護士会)
1996年早稲田大学法学部卒業。民間金融機関勤務を経て、2007年9月弁護士登録。人事労務分野のコンサルティング、労働審判・訴訟・交渉案件等を、使用者側・労働者側を問わず多数手掛けている。

(主な著書)『論点・争点 現代労働法』(共著・民事法研究会　2008年)、『実務解説 労働争訟手続法』(共著・青林書院　2012年)、『労働問題対応のための民法基礎講座』(共著・日本法令　2013年)、『Q&A労働法実務シリーズ 雇用機会均等法・育児介護休業法〔第2版〕』(共著・中央経済社　2013年)、『メンタルヘルスの法律相談 企業対応の実務』(共著・青林書院　2014年)、『ビジネスガイド増刊号 最新重要判例から読み解く労務トラブル解決の実務』(共著・日本法令・共著　2014年)、『労働事件 立証と証拠収集』(共著・創耕舎　2015年) などがある。
その他、雑誌「労政時報」(労務行政研究所) や「ビジネスガイド」(日本法令) 等のQ&Aコー

代表編集略歴

岩出　誠（いわで まこと）

弁護士（東京弁護士会）

ロア・ユナイテッド法律事務所代表パートナー

昭和 48 年　千葉大学人文学部法経学科（法律専攻）を卒業
　　　　　　東京大学大学院法学政治研究科入学（労働法専攻）／司法試験合格

昭和 50 年　同研究科を修了

昭和 50 年　司法研修所入所

昭和 52 年　同所修了

昭和 60 年　千葉大学法学部講師に就任

昭和 61 年　岩出綜合法律事務所を開設

平成 13 年　厚生労働省労働政策審議会労働条件分科会公益代表委員に就任(～平成 19 年 4 月）／ロア・ユナイテッド法律事務所に改組

平成 14 年　流山市男女共同参画審議会委員に就任

平成 17 年　青山学院大学大学院ビジネス法務専攻講師（労働法）に就任

平成 18 年　首都大学東京法科大学院講師（労働法)、青山学院大学客員教授に各就任（～平成 30 年 3 月）

平成 19 年　千葉大学法科大学院講師（労働法）に就任

平成 20 年　千葉大学大学院専門法務研究科（法科大学院）客員教授に就任（～平成 29 年 3 月）

生成 22 年　東京地方裁判所調停委員に就任／国土交通省「建設弘済会等に係る事業譲渡手法等の課題検討チーム」アドバイザリースタッフ就任／厚生労働省「外ぼう障害に係る障害等級の見直しに関する専門検討会」専門委員就任

平成 30 年　明治学院大学客員教授（労働法）に就任

（主な著書）『注釈労働組合法（上下)』(共著･有斐閣)、『第 3 版・労使関係の法律相談』(共著･有斐閣)、『注釈労働時間法』（共著・有斐閣)、『注釈労働基準法（上・下)』（共著・有斐閣)、『労働法実務大系』（民事法研究会)、『実務労働法講義 第 3 版上・下巻』（民事法研究会)、『論点・争点　現代労働法　改訂増補版』（編著・民事法研究会)、『会社と社員の法律相談』（岩出誠ほか編著・学陽書房)、『働く人のための法律相談』（編著・青林書院)、『改正労働法への対応と就業規則改訂の実務』（日本法令)、『労働事件実務マニュアル』（編著・ぎょうせい)、『会社分割における労働契約承継法の実務 Q&A』（共著・日本法令)、『雇用機会均等法・育児介護休業法　第 2 版』（共著・中央経済社)、『労基法・派遣法の改正点と企業の実務対応』（日本法令)、『詳解･労基法改正点と企業実務のすべて』（日本法令)、『社員の健康管理と使用者責任』（労働調査会)、『人材ビジネスの法務』（編著･第一法規)、『職場のトラブル解決の手引き』（共著・日本労働研究機構・改訂)、『労働安全衛生法・労災保険法等の改正点と企業の実務対応』（日本法令)、『労働契約法・改正労基法の個別的論点整理と企業の実務対応』（日本法令)、『労働契約法って何？』(共著･労務行政)、『Q&A 労働契約法･パートタイム労働法等の要点』(共著･新日本法規)、『変貌する労働と社会システム』（共著・信山社、所収「『過労死・過労自殺』等

働き方改革を推進するための関係法律の整備に関する法律　新旧対照条文

新旧対照表

○　労働基準法（昭和二十二年法律第四十九号）（抄）（第一条関係）

（傍線部分は改正部分）

改　正　案	現　行
第十二条　（略） ②　（略） ③　前二項に規定する期間中に、次の各号のいずれかに該当する期間がある場合においては、その日数及びその期間中の賃金は、前二項の期間及び賃金の総額から控除する。 一～三　（略） 四　育児休業、介護休業等育児又は家族介護を行う労働者の福祉に関する法律（平成三年法律第七十六号）第二条第一号に規定する育児休業又は同条第二号に規定する介護休業（同法第六十一条第三項（同条第六項において準用する場合を含む。）に規定する介護をするための休業を含む。第三十九条第十項において同じ。）をした期間 五　（略） ④～⑧　（略） （契約期間等） 第十四条　労働契約は、期間の定めのないものを除き、一定の事業の完了に必要な期間を定めるもののほかは、三年（次の各号のいずれかに該当する労働契約にあつては、五年）を超える期間について締結してはならない。 一　専門的な知識、技術又は経験（以下この号及び第四十一条の二第一項第一号において「専門的知識等」という。）であつて高度のものとして厚生労働大臣が定める基準に該当する専門的知識等を有する労働者（当該高度の専門的知識等を必要とする業務に就く者に限る。）との間に締結される労働契約 二　（略） ②・③　（略）	第十二条　（略） ②　（略） ③　前二項に規定する期間中に、次の各号のいずれかに該当する期間がある場合においては、その日数及びその期間中の賃金は、前二項の期間及び賃金の総額から控除する。 一～三　（略） 四　育児休業、介護休業等育児又は家族介護を行う労働者の福祉に関する法律（平成三年法律第七十六号）第二条第一号に規定する育児休業又は同条第二号に規定する介護休業（同法第六十一条第三項（同条第六項において準用する場合を含む。）に規定する介護をするための休業を含む。第三十九条第八項において同じ。）をした期間 五　（略） ④～⑧　（略） （契約期間等） 第十四条　労働契約は、期間の定めのないものを除き、一定の事業の完了に必要な期間を定めるもののほかは、三年（次の各号のいずれかに該当する労働契約にあつては、五年）を超える期間について締結してはならない。 一　専門的な知識、技術又は経験（以下この号において「専門的知識等」という。）であつて高度のものとして厚生労働大臣が定める基準に該当する専門的知識等を有する労働者（当該高度の専門的知識等を必要とする業務に就く者に限る。）との間に締結される労働契約 二　（略） ②・③　（略）

第三十二条の二　（略）

②　使用者は、厚生労働省令で定めるところにより、前項の協定を行政官庁に届け出なければならない。

第三十二条の三　使用者は、就業規則その他これに準ずるものにより、その労働者に係る始業及び終業の時刻をその労働者の決定に委ねることとした労働者については、当該事業場の労働者の過半数で組織する労働組合がある場合においてはその労働組合、労働者の過半数で組織する労働組合がない場合においては労働者の過半数を代表する者との書面による協定により、次に掲げる事項を定めたときは、その協定で第二号の清算期間として定められた期間を平均し一週間当たりの労働時間が第三十二条第一項の労働時間を超えない範囲内において、同条の規定にかかわらず、一週間において同項の労働時間又は一日において同条第二項の労働時間を超えて、労働させることができる。

一　この項の規定による労働時間により労働させることができることとされる労働者の範囲

二　清算期間（その期間を平均し一週間当たりの労働時間が第三十二条第一項の労働時間を超えない範囲内において労働させる期間をいい、三箇月以内の期間に限るものとする。以下この条及び次条において同じ。）

三　清算期間における総労働時間

四　その他厚生労働省令で定める事項

②　清算期間が一箇月を超えるものである場合における前項の規定の適用については、同項各号列記以外の部分中「労働時間を超えない」とあるのは「労働時間を超えず、かつ、当該清算期間をその開始の日以後一箇月ごとに区分した各期間（最後に一箇月未満の期間を生じたときは、当該期間。以下この項において同じ。）ごとに当該各期間を平均し一週間当たりの労働時間が五十時間を超えない」と、「同項」とあるのは「同条第一項」とする。

③　一週間の所定労働日数が五日の労働者について第一項の規定に

第三十二条の二　（略）

②　使用者は、厚生労働省令で定めるところにより、前項の協定を行政官庁に届け出なければならない。

第三十二条の三　使用者は、就業規則その他これに準ずるものにより、その労働者に係る始業及び終業の時刻をその労働者の決定にゆだねることとした労働者については、当該事業場の労働者の過半数で組織する労働組合がある場合においてはその労働組合、労働者の過半数で組織する労働組合がない場合においては労働者の過半数を代表する者との書面による協定により、次に掲げる事項を定めたときは、その協定で第二号の清算期間として定められた期間を平均し一週間当たりの労働時間が第三十二条第一項の労働時間を超えない範囲内において、同条の規定にかかわらず、一週間において同項の労働時間又は一日において同条第二項の労働時間を超えて、労働させることができる。

一　この条の規定による労働時間により労働させることができることとされる労働者の範囲

二　清算期間（その期間を平均し一週間当たりの労働時間が第三十二条第一項の労働時間を超えない範囲内において労働させる期間をいい、一箇月以内の期間に限るものとする。次号において同じ。）

三　清算期間における総労働時間

四　その他厚生労働省令で定める事項

（新設）

（新設）

より労働させる場合における同項の規定の適用については、同項各号列記以外の部分（前項の規定により読み替えて適用する場合を含む。）中「第三十二条第一項の労働時間」とあるのは「第三十二条第一項の労働時間（当該事業場の労働者の過半数で組織する労働組合がある場合においてはその労働組合、労働者の過半数で組織する労働組合がない場合においては労働者の過半数を代表する者との書面による協定により、労働時間の限度について、当該清算期間における所定労働日数を同条第二項の労働時間に乗じて得た時間とする旨を定めたときは、当該清算期間における日数を七で除して得た数をもつてその時間を除して得た時間）」と、「同項」とあるのは「同条第一項」とする。	
④　前条第二項の規定は、第一項各号に掲げる事項を定めた協定について準用する。ただし、清算期間が一箇月以内のものであるときは、この限りでない。	（新設）
第三十二条の三の二　使用者が、清算期間が一箇月を超えるものであるときの当該清算期間中の前条第一項の規定により労働させた期間が当該清算期間より短い労働者について、当該労働させた期間を平均し一週間当たり四十時間を超えて労働させた場合においては、その超えた時間（第三十三条又は第三十六条第一項の規定により延長し、又は休日に労働させた時間を除く。）の労働については、第三十七条の規定の例により割増賃金を支払わなければならない。	（新設）
（時間外及び休日の労働） 第三十六条　使用者は、当該事業場に、労働者の過半数で組織する労働組合がある場合においてはその労働組合、労働者の過半数で組織する労働組合がない場合においては労働者の過半数を代表する者との書面による協定をし、厚生労働省令で定めるところによりこれを行政官庁に届け出た場合においては、第三十二条から第三十二条の五まで若しくは第四十条の労働時間（以下この条において「労働時間」という。）又は前条の休日（以下この条におい	（時間外及び休日の労働） 第三十六条　使用者は、当該事業場に、労働者の過半数で組織する労働組合がある場合においてはその労働組合、労働者の過半数で組織する労働組合がない場合においては労働者の過半数を代表する者との書面による協定をし、これを行政官庁に届け出た場合においては、第三十二条から第三十二条の五まで若しくは第四十条の労働時間（以下この条において「労働時間」という。）又は前条の休日（以下この項において「休日」という。）に関する規定

て「休日」という。）に関する規定にかかわらず、その協定で定めるところによつて労働時間を延長し、又は休日に労働させることができる。

② 前項の協定においては、次に掲げる事項を定めるものとする。

一 この条の規定により労働時間を延長し、又は休日に労働させることができることとされる労働者の範囲

二 対象期間（この条の規定により労働時間を延長し、又は休日に労働させることができる期間をいい、一年間に限るものとする。第四号及び第六項第三号において同じ。）

三 労働時間を延長し、又は休日に労働させることができる場合

四 対象期間における一日、一箇月及び一年のそれぞれの期間について労働時間を延長して労働させることができる時間又は労働させることができる休日の日数

五 労働時間の延長及び休日の労働を適正なものとするために必要な事項として厚生労働省令で定める事項

③ 前項第四号の労働時間を延長して労働させることができる時間は、当該事業場の業務量、時間外労働の動向その他の事情を考慮して通常予見される時間外労働の範囲内において、限度時間を超えない時間に限る。

④ 前項の限度時間は、一箇月について四十五時間及び一年について三百六十時間（第三十二条の四第一項第二号の対象期間として三箇月を超える期間を定めて同条の規定により労働させる場合にあつては、一箇月について四十二時間及び一年について三百二十時間）とする。

⑤ 第一項の協定においては、第二項各号に掲げるもののほか、当該事業場における通常予見することのできない業務量の大幅な増加等に伴い臨時的に第三項の限度時間を超えて労働させる必要がある場合において、一箇月について労働時間を延長して労働させ、及び休日において労働させることができる時間（第二項第四号に関して協定した時間を含め百時間未満の範囲内に限る。）並びに一年について労働時間を延長して労働させることができる時間

にかかわらず、その協定で定めるところによつて労働時間を延長し、又は休日に労働させることができる。ただし、坑内労働その他厚生労働省令で定める健康上特に有害な業務の労働時間の延長は、一日について二時間を超えてはならない。

（新設）

（新設）

（新設）

（新設）

（同号に関して協定した時間を含め七百二十時間を超えない範囲内に限る。）を定めることができる。この場合において、第一項の協定に、併せて第二項第二号の対象期間において労働時間を延長して労働させる時間が一箇月について四十五時間（第三十二条の四第一項第二号の対象期間として三箇月を超える期間を定めて同条の規定により労働させる場合にあつては、一箇月について四十二時間）を超えることができる月数（一年について六箇月以内に限る。）を定めなければならない。

⑥　使用者は、第一項の協定で定めるところによつて労働時間を延長して労働させ、又は休日において労働させる場合であつても、次の各号に掲げる時間について、当該各号に定める要件を満たすものとしなければならない。

一　坑内労働その他厚生労働省令で定める健康上特に有害な業務について、一日について労働時間を延長して労働させた時間　二時間を超えないこと。

二　一箇月について労働時間を延長して労働させ、及び休日において労働させた時間　百時間未満であること。

三　対象期間の初日から一箇月ごとに区分した各期間に当該各期間の直前の一箇月、二箇月、三箇月、四箇月及び五箇月の期間を加えたそれぞれの期間における労働時間を延長して労働させ、及び休日において労働させた時間の一箇月当たりの平均時間　八十時間を超えないこと。

⑦　厚生労働大臣は、労働時間の延長及び休日の労働を適正なものとするため、第一項の協定で定める労働時間の延長及び休日の労働について留意すべき事項、当該労働時間の延長に係る割増賃金の率その他の必要な事項について、労働者の健康、福祉、時間外労働の動向その他の事情を考慮して指針を定めることができる。

⑧　第一項の協定をする使用者及び労働組合又は労働者の過半数を代表する者は、当該協定で労働時間の延長及び休日の労働を定めるに当たり、当該協定の内容が前項の指針に適合したものとなるようにしなければならない。

⑨　行政官庁は、第七項の指針に関し、第一項の協定をする使用者

（新設）

②　厚生労働大臣は、労働時間の延長を適正なものとするため、前項の協定で定める労働時間の延長の限度、当該労働時間の延長に係る割増賃金の率その他の必要な事項について、労働者の福祉、時間外労働の動向その他の事情を考慮して基準を定めることができる。

③　第一項の協定をする使用者及び労働組合又は労働者の過半数を代表する者は、当該協定で労働時間の延長を定めるに当たり、当該協定の内容が前項の基準に適合したものとなるようにしなければならない。

④　行政官庁は、第二項の基準に関し、第一項の協定をする使用者

及び労働組合又は労働者の過半数を代表する者に対し、必要な助言及び指導を行うことができる。

⑩ 前項の助言及び指導を行うに当たつては、労働者の健康が確保されるよう特に配慮しなければならない。

⑪ 第三項から第五項まで及び第六項（第二号及び第三号に係る部分に限る。）の規定は、新たな技術、商品又は役務の研究開発に係る業務については適用しない。

第三十八条の四 賃金、労働時間その他の当該事業場における労働条件に関する事項を調査審議し、事業主に対し当該事項について意見を述べることを目的とする委員会（使用者及び当該事業場の労働者を代表する者を構成員とするものに限る。）が設置された事業場において、当該委員会がその委員の五分の四以上の多数による議決により次に掲げる事項に関する決議をし、かつ、使用者が、厚生労働省令で定めるところにより当該決議を行政官庁に届け出た場合において、第二号に掲げる労働者の範囲に属する労働者を当該事業場における第一号に掲げる業務に就かせたときは、当該労働者は、厚生労働省令で定めるところにより、第三号に掲げる時間労働したものとみなす。

一 事業の運営に関する事項についての企画、立案、調査及び分析の業務であつて、当該業務の性質上これを適切に遂行するにはその遂行の方法を大幅に労働者の裁量に委ねる必要があるため、当該業務の遂行の手段及び時間配分の決定等に関し使用者が具体的な指示をしないこととする業務（以下この条において「対象業務」という。）

二～七 （略）

②～④ （略）

及び労働組合又は労働者の過半数を代表する者に対し、必要な助言及び指導を行うことができる。

（新設）

（新設）

第三十八条の四 賃金、労働時間その他の当該事業場における労働条件に関する事項を調査審議し、事業主に対し当該事項について意見を述べることを目的とする委員会（使用者及び当該事業場の労働者を代表する者を構成員とするものに限る。）が設置された事業場において、当該委員会がその委員の五分の四以上の多数による議決により次に掲げる事項に関する決議をし、かつ、使用者が、厚生労働省令で定めるところにより当該決議を行政官庁に届け出た場合において、第二号に掲げる労働者の範囲に属する労働者を当該事業場における第一号に掲げる業務に就かせたときは、当該労働者は、厚生労働省令で定めるところにより、第三号に掲げる時間労働したものとみなす。

一 事業の運営に関する事項についての企画、立案、調査及び分析の業務であつて、当該業務の性質上これを適切に遂行するにはその遂行の方法を大幅に労働者の裁量にゆだねる必要があるため、当該業務の遂行の手段及び時間配分の決定等に関し使用者が具体的な指示をしないこととする業務（以下この条において「対象業務」という。）

二～七 （略）

② 前項の委員会は、次の各号に適合するものでなければならない。

一～三 （略）

③ 厚生労働大臣は、対象業務に従事する労働者の適正な労働条件の確保を図るために、労働政策審議会の意見を聴いて、第一項各号に掲げる事項その他同項の委員会が決議する事項について指針

⑤　第一項の委員会においてその委員の五分の四以上の多数による議決により第三十二条の二第一項、第三十二条の三第一項、第三十二条の四第一項及び第二項、第三十二条の五第一項、第三十四条第二項ただし書、第三十六条第一項、第二項及び第五項、第三十七条第三項、第三十八条の二第二項、前条第一項並びに次条第四項、第六項及び第九項ただし書に規定する事項について決議が行われた場合における第三十二条の二第一項、第三十二条の三第一項、第三十二条の四第一項から第三項まで、第三十二条の五第一項、第三十四条第二項ただし書、第三十六条、第三十七条第三項、第三十八条の二第二項、前条第一項並びに次条第四項、第六項及び第九項ただし書の規定の適用については、第三十二条の二第一項中「協定」とあるのは「協定若しくは第三十八条の四第一項に規定する委員会の決議（第百六条第一項を除き、以下「決議」という。）」と、第三十二条の三第一項、第三十二条の四第一項から第三項まで、第三十二条の五第一項、第三十四条第二項ただし書、第三十六条第二項及び第五項から第七項まで、第三十七条第三項、第三十八条の二第二項、前条第一項並びに次条第四項、第六項及び第九項ただし書中「協定」とあるのは「協定又は決議」と、第三十二条の四第二項中「同意を得て」とあるのは「同意を得て、又は決議に基づき」と、第三十六条第一項中「届け出た場合」とあるのは「届け出た場合又は決議を行政官庁に届け出た場合」と、「その協定」とあるのは「その協定又は決議」と、同条第八項中「又は労働者の過半数を代表する者」とあるのは「若しくは労働者の過半数を代表する者又は同項の決議をする委員」と、「当該協定」とあるのは「当該協定又は当該決議」と、同条第九項中「又は労働者の過半数を代表する者」とあるのは「若しくは労働者の過半数を代表する者又は同項の決議をする委員」とする。

（年次有給休暇）

を定め、これを公表するものとする。

④　（略）

⑤　第一項の委員会においてその委員の五分の四以上の多数による議決により第三十二条の二第一項、第三十二条の三、第三十二条の四第一項及び第二項、第三十二条の五第一項、第三十四条第二項ただし書、第三十六条第一項、第三十七条第三項、第三十八条の二第二項、前条第一項並びに次条第四項、第六項及び第七項ただし書に規定する事項について決議が行われた場合における第三十二条の二第一項、第三十二条の三、第三十二条の四第一項から第三項まで、第三十二条の五第一項、第三十四条第二項ただし書、第三十六条、第三十七条第三項、第三十八条の二第二項、前条第一項並びに次条第四項、第六項及び第七項ただし書の規定の適用については、第三十二条の二第一項中「協定」とあるのは「協定若しくは第三十八条の四第一項に規定する委員会の決議（第百六条第一項を除き、以下「決議」という。）」と、第三十二条の三、第三十二条の四第一項から第三項まで、第三十二条の五第一項、第三十四条第二項ただし書、第三十六条第二項、第三十七条第三項、第三十八条の二第二項、前条第一項並びに次条第四項、第六項及び第七項ただし書中「協定」とあるのは「協定又は決議」と、第三十二条の四第二項中「同意を得て」とあるのは「同意を得て、又は決議に基づき」と、第三十六条第一項中「届け出た場合」とあるのは「届け出た場合又は決議を行政官庁に届け出た場合」と、「その協定」とあるのは「その協定又は決議」と、同条第三項中「又は労働者の過半数を代表する者」とあるのは「若しくは労働者の過半数を代表する者又は同項の決議をする委員」と、「当該協定」とあるのは「当該協定又は当該決議」と、同条第四項中「又は労働者の過半数を代表する者」とあるのは「若しくは労働者の過半数を代表する者又は同項の決議をする委員」とする。

（年次有給休暇）

第三十九条　（略）

②～⑥　（略）

第三十九条　使用者は、その雇入れの日から起算して六箇月間継続勤務し全労働日の八割以上出勤した労働者に対して、継続し、又は分割した十労働日の有給休暇を与えなければならない。

② 使用者は、一年六箇月以上継続勤務した労働者に対しては、雇入れの日から起算して六箇月を超えて継続勤務する日（以下「六箇月経過日」という。）から起算した継続勤務年数一年ごとに、前項の日数に、次の表の上欄に掲げる六箇月経過日から起算した継続勤務年数の区分に応じ同表の下欄に掲げる労働日を加算した有給休暇を与えなければならない。ただし、継続勤務した期間を六箇月経過日から一年ごとに区分した各期間（最後に一年未満の期間を生じたときは、当該期間）の初日の前日の属する期間において出勤した日数が全労働日の八割未満である者に対しては、当該初日以後の一年間においては有給休暇を与えることを要しない。

六箇月経過日から起算した継続勤務年数	労働日
一年	一労働日
二年	二労働日
三年	四労働日
四年	六労働日
五年	八労働日
六年以上	十労働日

③ 次に掲げる労働者（一週間の所定労働時間が厚生労働省令で定める時間以上の者を除く。）の有給休暇の日数については、前二項の規定にかかわらず、これらの規定による有給休暇の日数を基準とし、通常の労働者の一週間の所定労働日数として厚生労働省令で定める日数（第一号において「通常の労働者の週所定労働日数」という。）と当該労働者の一週間の所定労働日数又は一週間当たりの平均所定労働日数との比率を考慮して厚生労働省令で定める日数とする。

一　一週間の所定労働日数が通常の労働者の週所定労働日数に比し相当程度少ないものとして厚生労働省令で定める日数以下の労働者

⑦　使用者は、第一項から第三項までの規定による有給休暇（これ

二　週以外の期間によつて所定労働日数が定められている労働者については、一年間の所定労働日数が、前号の厚生労働省令で定める日数に一日を加えた日数を一週間の所定労働日数とする労働者の一年間の所定労働日数その他の事情を考慮して厚生労働省令で定める日数以下の労働者

④　使用者は、当該事業場に、労働者の過半数で組織する労働組合があるときはその労働組合、労働者の過半数で組織する労働組合がないときは労働者の過半数を代表する者との書面による協定により、次に掲げる事項を定めた場合において、第一号に掲げる労働者の範囲に属する労働者が有給休暇を時間を単位として請求したときは、前三項の規定による有給休暇の日数のうち第二号に掲げる日数については、これらの規定にかかわらず、当該協定で定めるところにより時間を単位として有給休暇を与えることができる。

一　時間を単位として有給休暇を与えることができることとされる労働者の範囲

二　時間を単位として与えることができることとされる有給休暇の日数（五日以内に限る。）

三　その他厚生労働省令で定める事項

⑤　使用者は、前各項の規定による有給休暇を労働者の請求する時季に与えなければならない。ただし、請求された時季に有給休暇を与えることが事業の正常な運営を妨げる場合においては、他の時季にこれを与えることができる。

⑥　使用者は、当該事業場に、労働者の過半数で組織する労働組合がある場合においてはその労働組合、労働者の過半数で組織する労働組合がない場合においては労働者の過半数を代表する者との書面による協定により、第一項から第三項までの規定による有給休暇を与える時季に関する定めをしたときは、これらの規定による有給休暇の日数のうち五日を超える部分については、前項の規定にかかわらず、その定めにより有給休暇を与えることができる。

（新設）

らの規定により使用者が与えなければならない有給休暇の日数が十労働日以上である労働者に係るものに限る。以下この項及び次項において同じ。）の日数のうち五日については、基準日（継続勤務した期間を六箇月経過日から一年ごとに区分した各期間（最後に一年未満の期間を生じたときは、当該期間）の初日をいう。以下この項において同じ。）から一年以内の期間に、労働者ごとにその時季を定めることにより与えなければならない。ただし、第一項から第三項までの規定による有給休暇を当該有給休暇に係る基準日より前の日から与えることとしたときは、厚生労働省令で定めるところにより、労働者ごとにその時季を定めることにより与えなければならない。

⑧　前項の規定にかかわらず、第五項又は第六項の規定により第一項から第三項までの規定による有給休暇を与えた場合においては、当該与えた有給休暇の日数（当該日数が五日を超える場合には、五日とする。）分については、時季を定めることにより与えることを要しない。

⑨　使用者は、第一項から第三項までの規定による有給休暇の期間又は第四項の規定による有給休暇の時間については、就業規則その他これに準ずるもので定めるところにより、それぞれ、平均賃金若しくは所定労働時間労働した場合に支払われる通常の賃金又はこれらの額を基準として厚生労働省令で定めるところにより算定した額の賃金を支払わなければならない。ただし、当該事業場に、労働者の過半数で組織する労働組合がある場合においてはその労働組合、労働者の過半数で組織する労働組合がない場合においては労働者の過半数を代表する者との書面による協定により、その期間又はその時間について、それぞれ、健康保険法（大正十一年法律第七十号）第四十条第一項に規定する標準報酬月額の三十分の一に相当する金額（その金額に、五円未満の端数があるときは、これを切り捨て、五円以上十円未満の端数があるときは、これを十円に切り上げるものとする。）又は当該金額を基準として厚生労働省令で定めるところにより算定した金額を支払う旨を定めたときは、これによらなければならない。

（新設）

⑦　使用者は、第一項から第三項までの規定による有給休暇の期間又は第四項の規定による有給休暇の時間については、就業規則その他これに準ずるもので定めるところにより、それぞれ、平均賃金若しくは所定労働時間労働した場合に支払われる通常の賃金又はこれらの額を基準として厚生労働省令で定めるところにより算定した額の賃金を支払わなければならない。ただし、当該事業場に、労働者の過半数で組織する労働組合がある場合においてはその労働組合、労働者の過半数で組織する労働組合がない場合においては労働者の過半数を代表する者との書面による協定により、その期間又はその時間について、それぞれ、健康保険法（大正十一年法律第七十号）第四十条第一項に規定する標準報酬月額の三十分の一に相当する金額（その金額に、五円未満の端数があるときは、これを切り捨て、五円以上十円未満の端数があるときは、これを十円に切り上げるものとする。）又は当該金額を基準として厚生労働省令で定めるところにより算定した金額を支払う旨を定めたときは、これによらなければならない。

⑩　労働者が業務上負傷し、又は疾病にかかり療養のために休業した期間及び育児休業、介護休業等育児又は家族介護を行う労働者の福祉に関する法律第二条第一号に規定する育児休業又は同条第二号に規定する介護休業をした期間並びに産前産後の女性が第六十五条の規定によつて休業した期間は、第一項及び第二項の規定の適用については、これを出勤したものとみなす。

（労働時間等に関する規定の適用除外）

第四十一条　（略）

第四十一条の二　賃金、労働時間その他の当該事業場における労働条件に関する事項を調査審議し、事業主に対し当該事項について意見を述べることを目的とする委員会（使用者及び当該事業場の労働者を代表する者を構成員とするものに限る。）が設置された事業場において、当該委員会がその委員の五分の四以上の多数による議決により次に掲げる事項に関する決議をし、かつ、使用者が、厚生労働省令で定めるところにより当該決議を行政官庁に届け出た場合において、第二号に掲げる労働者の範囲に属する労働者（以下この項において「対象労働者」という。）であつて書面その他の厚生労働省令で定める方法によりその同意を得たものを当該事業場における第一号に掲げる業務に就かせたときは、この章で定める労働時間、休憩、休日及び深夜の割増賃金に関する規定は、対象労働者については適用しない。ただし、第三号から第五号までに規定する措置のいずれかを使用者が講じていない場合は、この限りでない。

一　高度の専門的知識等を必要とし、その性質上従事した時間と従事して得た成果との関連性が通常高くないと認められるものとして厚生労働省令で定める業務のうち、労働者に就かせることとする業務（以下この項において「対象業務」という。）

二　この項の規定により労働する期間において次のいずれにも該当する労働者であつて、対象業務に就かせようとするものの範囲

---

⑧　労働者が業務上負傷し、又は疾病にかかり療養のために休業した期間及び育児休業、介護休業等育児又は家族介護を行う労働者の福祉に関する法律第二条第一号に規定する育児休業又は同条第二号に規定する介護休業をした期間並びに産前産後の女性が第六十五条の規定によつて休業した期間は、第一項及び第二項の規定の適用については、これを出勤したものとみなす。

（労働時間等に関する規定の適用除外）

第四十一条　（略）

（新設）

イ　使用者との間の書面その他の厚生労働省令で定める方法による合意に基づき職務が明確に定められていること。

ロ　労働契約により使用者から支払われると見込まれる賃金の額を一年間当たりの賃金の額に換算した額が基準年間平均給与額（厚生労働省において作成する毎月勤労統計における毎月きまつて支給する給与の額を基礎として厚生労働省令で定めるところにより算定した労働者一人当たりの給与の平均額をいう。）の三倍の額を相当程度上回る水準として厚生労働省令で定める額以上であること。

三　対象業務に従事する対象労働者の健康管理を行うために当該対象労働者が事業場内にいた時間（この項の委員会が厚生労働省令で定める労働時間以外の時間を除くことを決議したときは、当該決議に係る時間を除いた時間）と事業場外において労働した時間との合計の時間（第五号ロ及びニ並びに第六号において「健康管理時間」という。）を把握する措置（厚生労働省令で定める方法に限る。）を当該決議で定めるところにより使用者が講ずること。

四　対象業務に従事する対象労働者に対し、一年間を通じ百四日以上、かつ、四週間を通じ四日以上の休日を当該決議及び就業規則その他これに準ずるもので定めるところにより使用者が与えること。

五　対象業務に従事する対象労働者に対し、次のいずれかに該当する措置を当該決議及び就業規則その他これに準ずるもので定めるところにより使用者が講ずること。

イ　労働者ごとに始業から二十四時間を経過するまでに厚生労働省令で定める時間以上の継続した休息時間を確保し、かつ、第三十七条第四項に規定する時刻の間において労働させる回数を一箇月について厚生労働省令で定める回数以内とすること。

ロ　健康管理時間を一箇月又は三箇月についてそれぞれ厚生労働省令で定める時間を超えない範囲内とすること。

ハ　一年に一回以上の継続した二週間（労働者が請求した場合

においては、一年に二回以上の継続した一週間）（使用者が当該期間において、第三十九条の規定による有給休暇を与えたときは、当該有給休暇を与えた日を除く。）について、休日を与えること。

ニ　健康管理時間の状況その他の事項が労働者の健康の保持を考慮して厚生労働省令で定める要件に該当する労働者に健康診断（厚生労働省令で定める項目を含むものに限る。）を実施すること。

六　対象業務に従事する対象労働者の健康管理時間の状況に応じた当該対象労働者の健康及び福祉を確保するための措置であつて、当該対象労働者に対する有給休暇（第三十九条の規定による有給休暇を除く。）の付与、健康診断の実施その他の厚生労働省令で定める措置のうち当該決議で定めるものを使用者が講ずること。

七　対象労働者のこの項の規定による同意の撤回に関する手続

八　対象業務に従事する対象労働者からの苦情の処理に関する措置を当該決議で定めるところにより使用者が講ずること。

九　使用者は、この項の規定による同意をしなかつた対象労働者に対して解雇その他不利益な取扱いをしてはならないこと。

十　前各号に掲げるもののほか、厚生労働省令で定める事項

②　前項の規定による届出をした使用者は、厚生労働省令で定めるところにより、同項第四号から第六号までに規定する措置の実施状況を行政官庁に報告しなければならない。

③　第三十八条の四第二項、第三項及び第五項の規定は、第一項の委員会について準用する。

④　第一項の決議をする委員は、当該決議の内容が前項において準用する第三十八条の四第三項の指針に適合したものとなるようにしなければならない。

⑤　行政官庁は、第三項において準用する第三十八条の四第三項の指針に関し、第一項の決議をする委員に対し、必要な助言及び指導を行うことができる。

（労働時間及び休日）

第六十条　第三十二条の二から第三十二条の五まで、第三十六条、第四十条及び第四十一条の二の規定は、満十八才に満たない者については、これを適用しない。

②・③　（略）

（法令等の周知義務）

第百六条　使用者は、この法律及びこれに基づく命令の要旨、就業規則、第十八条第二項、第二十四条第一項ただし書、第三十二条の二第一項、第三十二条の三第一項、第三十二条の四第一項、第三十二条の五第一項、第三十四条第二項ただし書、第三十六条第一項、第三十七条第三項、第三十八条の二第二項、第三十八条の三第一項並びに第三十九条第四項、第六項及び第九項ただし書に規定する協定並びに第三十八条の四第一項及び同条第五項（第四十一条の二第三項において準用する場合を含む。）並びに第四十一条の二第一項に規定する決議を、常時各作業場の見やすい場所へ掲示し、又は備え付けること、書面を交付することその他の厚生労働省令で定める方法によつて、労働者に周知させなければならない。

②　（略）

（付加金の支払）

第百十四条　裁判所は、第二十条、第二十六条若しくは第三十七条の規定に違反した使用者又は第三十九条第九項の規定による賃金を支払わなかつた使用者に対して、労働者の請求により、これらの規定により使用者が支払わなければならない金額についての未払金のほか、これと同一額の付加金の支払を命ずることができる。ただし、この請求は、違反のあつた時から二年以内にしなければならない。

第百十九条　次の各号のいずれかに該当する者は、六箇月以下の懲役又は三十万円以下の罰金に処する。

（労働時間及び休日）

第六十条　第三十二条の二から第三十二条の五まで、第三十六条及び第四十条の規定は、満十八才に満たない者については、これを適用しない。

②・③　（略）

（法令等の周知義務）

第百六条　使用者は、この法律及びこれに基づく命令の要旨、就業規則、第十八条第二項、第二十四条第一項ただし書、第三十二条の二第一項、第三十二条の三、第三十二条の四第一項、第三十二条の五第一項、第三十四条第二項ただし書、第三十六条第一項、第三十七条第三項、第三十八条の二第二項、第三十八条の三第一項並びに第三十九条第四項、第六項及び第七項ただし書に規定する協定並びに第三十八条の四第一項及び第五項に規定する決議を、常時各作業場の見やすい場所へ掲示し、又は備え付けること、書面を交付することその他の厚生労働省令で定める方法によつて、労働者に周知させなければならない。

②　（略）

（付加金の支払）

第百十四条　裁判所は、第二十条、第二十六条若しくは第三十七条の規定に違反した使用者又は第三十九条第七項の規定による賃金を支払わなかつた使用者に対して、労働者の請求により、これらの規定により使用者が支払わなければならない金額についての未払金のほか、これと同一額の付加金の支払を命ずることができる。ただし、この請求は、違反のあつた時から二年以内にしなければならない。

第百十九条　次の各号の一に該当する者は、これを六箇月以下の懲役又は三十万円以下の罰金に処する。

一　第三条、第四条、第七条、第十六条、第十七条、第十八条第一項、第十九条、第二十条、第二十二条第四項、第三十二条、第三十四条、第三十五条、第三十六条第六項、第三十七条、第三十九条（第七項を除く。）、第六十一条、第六十二条、第六十四条の三から第六十七条まで、第七十二条、第七十五条から第七十七条まで、第七十九条、第八十条、第九十四条第二項、第九十六条又は第百四条第二項の規定に違反した者

二〜四　（略）

第百二十条　次の各号のいずれかに該当する者は、三十万円以下の罰金に処する。

一　第十四条、第十五条第一項若しくは第三項、第十八条第七項、第二十二条第一項から第三項まで、第二十三条から第二十七条まで、第三十二条の二第二項（第三十二条の三第四項、第三十二条の四第四項及び第三十二条の五第三項において準用する場合を含む。）、第三十二条の五第二項、第三十三条第一項ただし書、第三十八条の二第三項（第三十八条の三第二項において準用する場合を含む。）、第三十九条第七項、第五十七条から第五十九条まで、第六十四条、第六十八条、第八十九条、第九十条第一項、第九十一条、第九十五条第一項若しくは第二項、第九十六条の二第一項、第百五条（第百条第三項において準用する場合を含む。）又は第百六条から第百九条までの規定に違反した者

二〜五　（略）

一　第三条、第四条、第七条、第十六条、第十七条、第十八条第一項、第十九条、第二十条、第二十二条第四項、第三十二条、第三十四条、第三十五条、第三十六条第一項ただし書、第三十七条、第三十九条、第六十一条、第六十二条、第六十四条の三から第六十七条まで、第七十二条、第七十五条から第七十七条まで、第七十九条、第八十条、第九十四条第二項、第九十六条又は第百四条第二項の規定に違反した者

二　第三十三条第二項、第九十六条の二第二項又は第九十六条の三第一項の規定による命令に違反した者

三　第四十条の規定に基づいて発する厚生労働省令に違反した者

四　第七十条の規定に基づいて発する厚生労働省令（第六十二条又は第六十四条の三の規定に係る部分に限る。）に違反した者

第百二十条　次の各号の一に該当する者は、三十万円以下の罰金に処する。

一　第十四条、第十五条第一項若しくは第三項、第十八条第七項、第二十二条第一項から第三項まで、第二十三条から第二十七条まで、第三十二条の二第二項（第三十二条の四第四項及び第三十二条の五第三項において準用する場合を含む。）、第三十二条の五第二項、第三十三条第一項ただし書、第三十八条の二第三項（第三十八条の三第二項において準用する場合を含む。）、第五十七条から第五十九条まで、第六十四条、第六十八条、第八十九条、第九十条第一項、第九十一条、第九十五条第一項若しくは第二項、第九十六条の二第一項、第百五条（第百条第三項において準用する場合を含む。）又は第百六条から第百九条までの規定に違反した者

二　第七十条の規定に基づいて発する厚生労働省令（第十四条の規定に係る部分に限る。）に違反した者

三　第九十二条第二項又は第九十六条の三第二項の規定による命令に違反した者

四　第百一条（第百条第三項において準用する場合を含む。）の

第百三十八条　削除

第百三十九条　工作物の建設の事業（災害時における復旧及び復興の事業に限る。）その他これに関連する事業として厚生労働省令で定める事業に関する第三十六条の規定の適用については、当分の間、同条第五項中「時間（第二項第四号に関して協定した時間を含め百時間未満の範囲内に限る。）」とあるのは「時間」と、「同号」とあるのは「第二項第四号」とし、同条第六項（第二号及び第三号に係る部分に限る。）の規定は適用しない。

②　前項の規定にかかわらず、工作物の建設の事業その他これに関連する事業として厚生労働省令で定める事業については、平成三十六年三月三十一日（同日及びその翌日を含む期間を定めている第三十六条第一項の協定に関しては、当該協定に定める期間の初日から起算して一年を経過する日）までの間、同条第二項第四号中「一箇月及び」とあるのは、「一日を超え三箇月以内の範囲で前項の協定をする使用者及び労働組合若しくは労働者の過半数を代表する者が定める期間並びに」とし、同条第三項から第五項まで及び第六項（第二号及び第三号に係る部分に限る。）の規定は

規定による労働基準監督官又は女性主管局長若しくはその指定する所属官吏の臨検を拒み、妨げ、若しくは忌避し、その尋問に対して陳述をせず、若しくは虚偽の陳述をし、帳簿書類の提出をせず、又は虚偽の記載をした帳簿書類の提出をした者

五　第百四条の二の規定による報告をせず、若しくは虚偽の報告をし、又は出頭しなかつた者

第百三十八条　中小事業主（その資本金の額又は出資の総額が三億円（小売業又はサービス業を主たる事業とする事業主については五千万円、卸売業を主たる事業とする事業主については一億円）以下である事業主及びその常時使用する労働者の数が三百人（小売業を主たる事業とする事業主については五十人、卸売業又はサービス業を主たる事業とする事業主については百人）以下である事業主をいう。）の事業については、当分の間、第三十七条第一項ただし書の規定は、適用しない。

（新設）

適用しない。

第百四十条　一般乗用旅客自動車運送事業（道路運送法（昭和二十六年法律第百八十三号）第三条第一号ハに規定する一般乗用旅客自動車運送事業をいう。）の業務、貨物自動車運送事業（貨物自動車運送事業法（平成元年法律第八十三号）第二条第一項に規定する貨物自動車運送事業をいう。）の業務その他の自動車の運転の業務として厚生労働省令で定める業務に関する第三十六条の規定の適用については、当分の間、同条第五項中「時間（第二項第四号に関して協定した時間を含め百時間未満の範囲内に限る。）並びに一年について労働時間を延長して労働させることができる時間（同号に関して協定した時間を含め七百二十時間を超えない範囲内に限る。）を定めることができる。この場合において、第一項の協定に、併せて第二項第二号の対象期間において労働時間を延長して労働させる時間が一箇月について四十五時間（第三十二条の四第一項第二号の対象期間として三箇月を超える期間を定めて同条の規定により労働させる場合にあつては、一箇月について四十二時間）を超えることができる月数（一年について六箇月以内に限る。）を定めなければならない」とあるのは、「時間並びに一年について労働時間を延長して労働させることができる時間（第二項第四号に関して協定した時間を含め九百六十時間を超えない範囲内に限る。）を定めることができる」とし、同条第六項（第二号及び第三号に係る部分に限る。）の規定は適用しない。

②　前項の規定にかかわらず、同項に規定する業務については、平成三十六年三月三十一日（同日及びその翌日を含む期間を定めている第三十六条第一項の協定に関しては、当該協定に定める期間の初日から起算して一年を経過する日）までの間、同条第二項第四号中「一箇月及び」とあるのは、「一日を超え三箇月以内の範囲で前項の協定をする使用者及び労働組合若しくは労働者の過半数を代表する者が定める期間並びに」とし、同条第三項から第五項まで及び第六項（第二号及び第三号に係る部分に限る。）の規

（新設）

定は適用しない。

第百四十一条　医業に従事する医師（医療提供体制の確保に必要な者として厚生労働省令で定める者に限る。）に関する第三十六条の規定の適用については、当分の間、同条第二項第四号中「における一日、一箇月及び一年のそれぞれの期間について」とあるのは「における」とし、同条第三項中「限度時間」とあるのは「限度時間並びに労働者の健康及び福祉を勘案して厚生労働省令で定める時間」とし、同条第五項及び第六項（第二号及び第三号に係る部分に限る。）の規定は適用しない。

②　前項の場合において、第三十六条第一項の協定に、同条第二項各号に掲げるもののほか、当該事業場における通常予見することのできない業務量の大幅な増加等に伴い臨時的に前項の規定により読み替えて適用する同条第三項の厚生労働省令で定める時間を超えて労働させる必要がある場合において、同条第二項第四号に関して協定した時間を超えて労働させることができる時間（同号に関して協定した時間を含め、同条第五項に定める時間及び月数並びに労働者の健康及び福祉を勘案して厚生労働省令で定める時間を超えない範囲内に限る。）その他厚生労働省令で定める事項を定めることができる。

③　使用者は、第一項の場合において、第三十六条第一項の協定で定めるところによつて労働時間を延長して労働させ、又は休日において労働させる場合であつても、同条第六項に定める要件並びに労働者の健康及び福祉を勘案して厚生労働省令で定める時間を超えて労働させてはならない。

④　前三項の規定にかかわらず、医業に従事する医師については、平成三十六年三月三十一日（同日及びその翌日を含む期間を定めている第三十六条第一項の協定に関しては、当該協定に定める期間の初日から起算して一年を経過する日）までの間、同条第二項第四号中「一箇月及び」とあるのは、「一日を超え三箇月以内の範囲で前項の協定をする使用者及び労働組合若しくは労働者の過半数を代表する者が定める期間並びに」とし、同条第三項から第

（新設）

五項まで及び第六項（第二号及び第三号に係る部分に限る。）の規定は適用しない。

⑤　第三項の規定に違反した者は、六箇月以下の懲役又は三十万円以下の罰金に処する。

第百四十二条　鹿児島県及び沖縄県における砂糖を製造する事業に関する第三十六条の規定の適用については、平成三十六年三月三十一日（同日及びその翌日を含む期間を定めている同条第一項の協定に関しては、当該協定に定める期間の初日から起算して一年を経過する日）までの間、同条第五項中「時間（第二項第四号に関して協定した時間を含め百時間未満の範囲内に限る。）」とあるのは「時間」と、「同号」とあるのは「第二項第四号」とし、同条第六項（第二号及び第三号に係る部分に限る。）の規定は適用しない。

（新設）

○　労働安全衛生法（昭和四十七年法律第五十七号）（抄）（第四条関係）

（傍線部分は改正部分）

改正案	現行
目次 第一章～第十章　（略） 第十一章　雑則（第百一条―第百十五条の二） 第十二章　罰則（第百十五条の三―第百二十三条） 附則	目次 第一章　総則（第一条―第五条） 第二章　労働災害防止計画（第六条―第九条） 第三章　安全衛生管理体制（第十条―第十九条の三） 第四章　労働者の危険又は健康障害を防止するための措置（第二十条―第三十六条） 第五章　機械等並びに危険物及び有害物に関する規制 第一節　機械等に関する規制（第三十七条―第五十四条の六） 第二節　危険物及び有害物に関する規制（第五十五条―第五十八条） 第六章　労働者の就業に当たつての措置（第五十九条―第六十三条） 第七章　健康の保持増進のための措置（第六十四条―第七十一条） 第七章の二　快適な職場環境の形成のための措置（第七十一条の二―第七十一条の四） 第八章　免許等（第七十二条―第七十七条） 第九章　事業場の安全又は衛生に関する改善措置等 第一節　特別安全衛生改善計画及び安全衛生改善計画（第七十八条―第八十条） 第二節　労働安全コンサルタント及び労働衛生コンサルタント（第八十一条―第八十七条） 第十章　監督等（第八十八条―第百条） 第十一章　雑則（第百一条―第百十五条） 第十二章　罰則（第百十五条の二―第百二十三条） 附則

（産業医等）

第十三条　（略）

2　（略）

3　産業医は、労働者の健康管理等を行うのに必要な医学に関する知識に基づいて、誠実にその職務を行わなければならない。

4　産業医を選任した事業者は、産業医に対し、厚生労働省令で定めるところにより、労働者の労働時間に関する情報その他の産業医が労働者の健康管理等を適切に行うために必要な情報として厚生労働省令で定めるものを提供しなければならない。

5　産業医は、労働者の健康を確保するため必要があると認めるときは、事業者に対し、労働者の健康管理等について必要な勧告をすることができる。この場合において、事業者は、当該勧告を尊重しなければならない。

6　事業者は、前項の勧告を受けたときは、厚生労働省令で定めるところにより、当該勧告の内容その他の厚生労働省令で定める事項を衛生委員会又は安全衛生委員会に報告しなければならない。

第十三条の二　（略）

2　前条第四項の規定は、前項に規定する者に労働者の健康管理等の全部又は一部を行わせる事業者について準用する。この場合において、同条第四項中「提供しなければ」とあるのは、「提供するように努めなければ」と読み替えるものとする。

（産業医等）

第十三条　事業者は、政令で定める規模の事業場ごとに、厚生労働省令で定めるところにより、医師のうちから産業医を選任し、その者に労働者の健康管理その他の厚生労働省令で定める事項（以下「労働者の健康管理等」という。）を行わせなければならない。

2　産業医は、労働者の健康管理等を行うのに必要な医学に関する知識について厚生労働省令で定める要件を備えた者でなければならない。

（新設）

（新設）

3　産業医は、労働者の健康を確保するため必要があると認めるときは、事業者に対し、労働者の健康管理等について必要な勧告をすることができる。

4　事業者は、前項の勧告を受けたときは、これを尊重しなければならない。

第十三条の二　事業者は、前条第一項の事業場以外の事業場については、労働者の健康管理等を行うのに必要な医学に関する知識を有する医師その他厚生労働省令で定める者に労働者の健康管理等の全部又は一部を行わせるように努めなければならない。

（新設）

第十三条の三　事業者は、産業医又は前条第一項に規定する者による労働者の健康管理等の適切な実施を図るため、産業医又は同項に規定する者が労働者からの健康相談に応じ、適切に対応するために必要な体制の整備その他の必要な措置を講ずるように努めなければならない。

（国の援助）

第十九条の三　国は、第十三条の二第一項の事業場の労働者の健康の確保に資するため、労働者の健康管理等に関する相談、情報の提供その他の必要な援助を行うように努めるものとする。

（健康診断実施後の措置）

第六十六条の五　事業者は、前条の規定による医師又は歯科医師の意見を勘案し、その必要があると認めるときは、当該労働者の実情を考慮して、就業場所の変更、作業の転換、労働時間の短縮、深夜業の回数の減少等の措置を講ずるほか、作業環境測定の実施、施設又は設備の設置又は整備、当該医師又は歯科医師の意見の衛生委員会若しくは安全衛生委員会又は労働時間等設定改善委員会（労働時間等の設定の改善に関する特別措置法（平成四年法律第九十号）第七条に規定する労働時間等設定改善委員会をいう。以下同じ。）への報告その他の適切な措置を講じなければならない。

2・3　（略）

（面接指導等）

第六十六条の八　事業者は、その労働時間の状況その他の事項が労働者の健康の保持を考慮して厚生労働省令で定める要件に該当する労働者（次条第一項に規定する者及び第六十六条の八の四第一項に規定する者を除く。以下この条において同じ。）に対し、厚生労働省令で定めるところにより、医師による面接指導（問診その他の方法により心身の状況を把握し、これに応じて面接により必要な指導を行うことをいう。以下同じ。）を行わなければなら

（新設）

（国の援助）

第十九条の三　国は、第十三条の二の事業場の労働者の健康の確保に資するため、労働者の健康管理等に関する相談、情報の提供その他の必要な援助を行うように努めるものとする。

（健康診断実施後の措置）

第六十六条の五　事業者は、前条の規定による医師又は歯科医師の意見を勘案し、その必要があると認めるときは、当該労働者の実情を考慮して、就業場所の変更、作業の転換、労働時間の短縮、深夜業の回数の減少等の措置を講ずるほか、作業環境測定の実施、施設又は設備の設置又は整備、当該医師又は歯科医師の意見の衛生委員会若しくは安全衛生委員会又は労働時間等設定改善委員会（労働時間等の設定の改善に関する特別措置法（平成四年法律第九十号）第七条第一項に規定する労働時間等設定改善委員会をいう。以下同じ。）への報告その他の適切な措置を講じなければならない。

2・3　（略）

（面接指導等）

第六十六条の八　事業者は、その労働時間の状況その他の事項が労働者の健康の保持を考慮して厚生労働省令で定める要件に該当する労働者に対し、厚生労働省令で定めるところにより、医師による面接指導（問診その他の方法により心身の状況を把握し、これに応じて面接により必要な指導を行うことをいう。以下同じ。）を行わなければならない。

ない。

2～5　（略）

第六十六条の八の二　事業者は、その労働時間が労働者の健康の保持を考慮して厚生労働省令で定める時間を超える労働者（労働基準法第三十六条第十一項に規定する業務に従事する者（同法第四十一条各号に掲げる者及び第六十六条の八の四第一項に規定する者を除く。）に限る。）に対し、厚生労働省令で定めるところにより、医師による面接指導を行わなければならない。

2　前条第二項から第五項までの規定は、前項の事業者及び労働者について準用する。この場合において、同条第五項中「作業の転換」とあるのは、「職務内容の変更、有給休暇（労働基準法第三十九条の規定による有給休暇を除く。）の付与」と読み替えるものとする。

第六十六条の八の三　事業者は、第六十六条の八第一項又は前条第一項の規定による面接指導を実施するため、厚生労働省令で定める方法により、労働者（次条第一項に規定する者を除く。）の労働時間の状況を把握しなければならない。

第六十六条の八の四　事業者は、労働基準法第四十一条の二第一項の規定により労働する労働者であつて、その健康管理時間（同項第三号に規定する健康管理時間をいう。）が当該労働者の健康の保持を考慮して厚生労働省令で定める時間を超えるものに対し、厚生労働省令で定めるところにより、医師による面接指導を行わなければならない。

2　第六十六条の八第二項から第五項までの規定は、前項の事業者及び労働者について準用する。この場合において、同条第五項中「就業場所の変更、作業の転換、労働時間の短縮、深夜業の回数の減少等」とあるのは、「職務内容の変更、有給休暇（労働基準法第三十九条の規定による有給休暇を除く。）の付与、健康管理時間（第六十六条の八の四第一項に規定する健康管理時間をいう

2～5　（略）

（新設）

（新設）

（新設）

。）が短縮されるための配慮等」と読み替えるものとする。

第六十六条の九　事業者は、第六十六条の八第一項、第六十六条の八の二第一項又は前条第一項の規定により面接指導を行う労働者以外の労働者であつて健康への配慮が必要なものについては、厚生労働省令で定めるところにより、必要な措置を講ずるように努めなければならない。

第十一章　雑則

（法令等の周知）

第百一条　（略）

2　産業医を選任した事業者は、その事業場における産業医の業務の内容その他の産業医の業務に関する事項で厚生労働省令で定めるものを、常時各作業場の見やすい場所に掲示し、又は備え付けることその他の厚生労働省令で定める方法により、労働者に周知させなければならない。

3　前項の規定は、第十三条の二第一項に規定する者に労働者の健康管理等の全部又は一部を行わせる事業者について準用する。この場合において、前項中「周知させなければ」とあるのは、「周知させるように努めなければ」と読み替えるものとする。

4　（略）

（心身の状態に関する情報の取扱い）

第六十六条の九　事業者は、前条第一項の規定により面接指導を行う労働者以外の労働者であつて健康への配慮が必要なものについては、厚生労働省令で定めるところにより、必要な措置を講ずるように努めなければならない。

第十一章　雑則

（法令等の周知）

第百一条　事業者は、この法律及びこれに基づく命令の要旨を常時各作業場の見やすい場所に掲示し、又は備え付けることその他の厚生労働省令で定める方法により、労働者に周知させなければならない。

（新設）

（新設）

2　事業者は、第五十七条の二第一項又は第二項の規定により通知された事項を、化学物質、化学物質を含有する製剤その他の物で当該通知された事項に係るものを取り扱う各作業場の見やすい場所に常時掲示し、又は備え付けることその他の厚生労働省令で定める方法により、当該物を取り扱う労働者に周知させなければならない。

第百四条　事業者は、この法律又はこれに基づく命令の規定による措置の実施に関し、労働者の心身の状態に関する情報を収集し、保管し、又は使用するに当たつては、労働者の健康の確保に必要な範囲内で労働者の心身の状態に関する情報を収集し、並びに当該収集の目的の範囲内でこれを保管し、及び使用しなければならない。ただし、本人の同意がある場合その他正当な事由がある場合は、この限りでない。

2　事業者は、労働者の心身の状態に関する情報を適正に管理するために必要な措置を講じなければならない。

3　厚生労働大臣は、前二項の規定により事業者が講ずべき措置の適切かつ有効な実施を図るため必要な指針を公表するものとする。

4　厚生労働大臣は、前項の指針を公表した場合において必要があると認めるときは、事業者又はその団体に対し、当該指針に関し必要な指導等を行うことができる。

（健康診断等に関する秘密の保持）

第百五条　第六十五条の二第一項及び第六十六条第一項から第四項までの規定による健康診断、第六十六条の八第一項、第六十六条の八の二第一項及び第六十六条の八の四第一項の規定による面接指導、第六十六条の十第一項の規定による検査又は同条第三項の規定による面接指導の実施の事務に従事した者は、その実施に関して知り得た労働者の秘密を漏らしてはならない。

（削る）

（厚生労働省令への委任）

第百十五条の二　この法律に定めるもののほか、この法律の規定の実施に関し必要な事項は、厚生労働省令で定める。

第十二章　罰則

（新設）

（健康診断等に関する秘密の保持）

第百四条　第六十五条の二第一項及び第六十六条第一項から第四項までの規定による健康診断、第六十六条の八第一項の規定による面接指導、第六十六条の十第一項の規定による検査又は同条第三項の規定による面接指導の実施の事務に従事した者は、その実施に関して知り得た労働者の秘密を漏らしてはならない。

第百五条　削除

（新設）

第十二章　罰則

第百十五条の三　（略）

第百十五条の四　（略）

第百十五条の五　第百十五条の三第一項から第三項までの罪は、刑法第四条の例に従う。

第百十九条　次の各号のいずれかに該当する者は、六月以下の懲役又は五十万円以下の罰金に処する。

一　第十四条、第二十条から第二十五条まで、第二十五条の二第一項、第三十条の三第一項若しくは第四項、第三十一条第一項、第三十一条の二、第三十三条第一項若しくは第二項、第三十四条、第三十五条、第三十八条第一項、第四十条第一項、第四十二条、第四十三条、第四十四条第六項、第四十四条の二第七項、第五十六条第三項若しくは第四項、第五十七条の四第五項、第五十七条の五第五項、第五十九条第三項、第六十一条第一項、第六十五条第一項、第六十五条の四、第六十八条、第八十九条第五項（第八十九条の二第二項において準用する場合を含む。）、第九十七条第二項、第百五条又は第百八条の二第四項の規定に違反した者

二～四　（略）

第百二十条　次の各号のいずれかに該当する者は、五十万円以下の罰金に処する。

一　第十条第一項、第十一条第一項、第十二条第一項、第十三条第一項、第十五条第一項、第三項若しくは第四項、第十五条の二第一項、第十六条第一項、第十七条第一項、第十八条第一項、第二十五条の二第二項（第三十条の三第五項において準用する場合を含む。）、第二十六条、第三十条第一項若しくは第四項、第三十条の二第一項、第三十二条第一項から第六項まで、第三十三条第三項、第四十条第二項、第四十一条第一項から第四項まで、第四十四条の二第六項、第四十五条第一項若しくは

第百十五条の二　（略）

第百十五条の三　（略）

第百十五条の四　第百十五条の二第一項から第三項までの罪は、刑法第四条の例に従う。

第百十九条　次の各号のいずれかに該当する者は、六月以下の懲役又は五十万円以下の罰金に処する。

一　第十四条、第二十条から第二十五条まで、第二十五条の二第一項、第三十条の三第一項若しくは第四項、第三十一条第一項、第三十一条の二、第三十三条第一項若しくは第二項、第三十四条、第三十五条、第三十八条第一項、第四十条第一項、第四十二条、第四十三条、第四十四条第六項、第四十四条の二第七項、第五十六条第三項若しくは第四項、第五十七条の四第五項、第五十七条の五第五項、第五十九条第三項、第六十一条第一項、第六十五条第一項、第六十五条の四、第六十八条、第八十九条第五項（第八十九条の二第二項において準用する場合を含む。）、第九十七条第二項、第百四条又は第百八条の二第四項の規定に違反した者

二～四　（略）

第百二十条　次の各号のいずれかに該当する者は、五十万円以下の罰金に処する。

一　第十条第一項、第十一条第一項、第十二条第一項、第十三条第一項、第十五条第一項、第三項若しくは第四項、第十五条の二第一項、第十六条第一項、第十七条第一項、第十八条第一項、第二十五条の二第二項（第三十条の三第五項において準用する場合を含む。）、第二十六条、第三十条第一項若しくは第四項、第三十条の二第一項、第三十二条第一項から第六項まで、第三十三条第三項、第四十条第二項、第四十一条第一項から第四項まで、第四十四条の二第六項、第四十五条第一項若しくは

第二項、第五十七条の四第一項、第五十九条第一項（同条第二項において準用する場合を含む。）、第六十一条第二項、第六十六条第一項から第三項まで、第六十六条の三、第六十六条の六、第六十六条の八の二第一項、第六十六条の八の四第一項、第八十七条第六項、第八十八条第一項から第四項まで、第百一条第一項又は第百三条第一項の規定に違反した者

二〜六　（略）

第二項、第五十七条の四第一項、第五十九条第一項（同条第二項において準用する場合を含む。）、第六十一条第二項、第六十六条第一項から第三項まで、第六十六条の三、第六十六条の六、第八十七条第六項、第八十八条第一項から第四項まで、第百一条第一項又は第百三条第一項の規定に違反した者

二〜六　（略）

○　労働者派遣事業の適正な運営の確保及び派遣労働者の保護等に関する法律（昭和六十年法律第八十八号）（抄）（第五条関係）

（傍線部分は改正部分）

改正案	現行
目次 第一章　総則（第一条―第三条） 第二章　労働者派遣事業の適正な運営の確保に関する措置 　第一節　業務の範囲（第四条） 　第二節　事業の許可（第五条―第二十二条） 　第三節　補則（第二十三条―第二十五条） 第三章　派遣労働者の保護等に関する措置 　第一節　労働者派遣契約（第二十六条―第二十九条の二） 　第二節　派遣元事業主の講ずべき措置等（第三十条―第三十八条） 　第三節　派遣先の講ずべき措置等（第三十九条―第四十三条） 　第四節　労働基準法等の適用に関する特例等（第四十四条―第四十七条の三） 第四章　紛争の解決 　第一節　紛争の解決の援助等（第四十七条の四―第四十七条の六） 　第二節　調停（第四十七条の七―第四十七条の九） 第五章　雑則（第四十七条の十―第五十七条） 第六章　罰則（第五十八条―第六十二条） 附則 　　第三章　派遣労働者の保護等に関する措置 　　　第一節　労働者派遣契約 （契約の内容等） 第二十六条　（略）	目次 第一章　総則（第一条―第三条） 第二章　労働者派遣事業の適正な運営の確保に関する措置 　第一節　業務の範囲（第四条） 　第二節　事業の許可（第五条―第二十二条） 　第三節　補則（第二十三条―第二十五条） 第三章　派遣労働者の保護等に関する措置 　第一節　労働者派遣契約（第二十六条―第二十九条の二） 　第二節　派遣元事業主の講ずべき措置等（第三十条―第三十八条） 　第三節　派遣先の講ずべき措置等（第三十九条―第四十三条） 　第四節　労働基準法等の適用に関する特例等（第四十四条―第四十七条の三） 第四章　雑則（第四十七条の四―第五十七条） 第五章　罰則（第五十八条―第六十二条） 附則 　　第三章　派遣労働者の保護等に関する措置 　　　第一節　労働者派遣契約 （契約の内容等） 第二十六条　労働者派遣契約（当事者の一方が相手方に対し労働者

2・3　（略）

4　派遣元事業主から新たな労働者派遣契約に基づく労働者派遣（第四十条の二第一項各号のいずれかに該当するものを除く。次項において同じ。）の役務の提供を受けようとする者は、第一項の規定により当該労働者派遣契約を締結するに当たつては、あらかじめ、当該派遣元事業主に対し、当該労働者派遣の役務の提供が開始される日以後当該労働者派遣の役務の提供を受けようとする者の事業所その他派遣就業の場所の業務について同条第一項の規定に抵触することとなる最初の日を通知しなければならない。

5・6　（略）

7　労働者派遣の役務の提供を受けようとする者は、第一項の規定により労働者派遣契約を締結するに当たつては、あらかじめ、派遣元事業主に対し、厚生労働省令で定めるところにより、当該労働者派遣に係る派遣労働者が従事する業務ごとに、比較対象労働者の賃金その他の待遇に関する情報その他の厚生労働省令で定める情報を提供しなければならない。

8　前項の「比較対象労働者」とは、当該労働者派遣の役務の提供を受けようとする者に雇用される通常の労働者であつて、その業務の内容及び当該業務に伴う責任の程度（以下「職務の内容」という。）並びに当該職務の内容及び配置の変更の範囲が、当該労働者派遣に係る派遣労働者と同一であると見込まれるものその他の当該派遣労働者と待遇を比較すべき労働者として厚生労働省令で定めるものをいう。

9　派遣元事業主は、労働者派遣の役務の提供を受けようとする者から第七項の規定による情報の提供がないときは、当該者との間で、当該労働者派遣に係る派遣労働者が従事する業務に係る労働者派遣契約を締結してはならない。

派遣をすることを約する契約をいう。以下同じ。）の当事者は、厚生労働省令で定めるところにより、当該労働者派遣契約の締結に際し、次に掲げる事項を定めるとともに、その内容の差異に応じて派遣労働者の人数を定めなければならない。

一～十　（略）

2・3　（略）

4　派遣元事業主から新たな労働者派遣契約に基づく労働者派遣（第四十条の二第一項各号のいずれかに該当するものを除く。次項において同じ。）の役務の提供を受けようとする者は、第一項の規定により当該労働者派遣契約を締結するに当たり、あらかじめ、当該派遣元事業主に対し、当該労働者派遣の役務の提供が開始される日以後当該労働者派遣の役務の提供を受けようとする者の事業所その他派遣就業の場所の業務について同条第一項の規定に抵触することとなる最初の日を通知しなければならない。

5・6　（略）

（新設）

（新設）

（新設）

改正後	現行
10 派遣先は、第七項の情報に変更があつたときは、遅滞なく、厚生労働省令で定めるところにより、派遣元事業主に対し、当該変更の内容に関する情報を提供しなければならない。	（新設）
11 労働者派遣の役務の提供を受けようとする者及び派遣先は、当該労働者派遣に関する料金の額について、派遣元事業主が、第三十条の四第一項の協定に係る労働者派遣以外の労働者派遣にあつては第三十条の三の規定、同項の協定に係る労働者派遣にあつては同項第二号から第五号までに掲げる事項に関する協定の定めを遵守することができるものとなるように配慮しなければならない。	（新設）
第二節　派遣元事業主の講ずべき措置等	第二節　派遣元事業主の講ずべき措置等
（不合理な待遇の禁止等）	（均衡を考慮した待遇の確保）
第三十条の三　派遣元事業主は、その雇用する派遣労働者の基本給、賞与その他の待遇のそれぞれについて、当該待遇に対応する派遣先に雇用される通常の労働者の待遇との間において、当該派遣労働者及び通常の労働者の職務の内容、当該職務の内容及び配置の変更の範囲その他の事情のうち、当該待遇の性質及び当該待遇を行う目的に照らして適切と認められるものを考慮して、不合理と認められる相違を設けてはならない。	第三十条の三　派遣元事業主は、その雇用する派遣労働者の従事する業務と同種の業務に従事する派遣先に雇用される労働者の賃金水準との均衡を考慮しつつ、当該派遣労働者の従事する業務と同種の業務に従事する一般の労働者の賃金水準又は当該派遣労働者の職務の内容、職務の成果、意欲、能力若しくは経験等を勘案し、当該派遣労働者の賃金を決定するように配慮しなければならない。
2 派遣元事業主は、職務の内容が派遣先に雇用される通常の労働者と同一の派遣労働者であつて、当該労働者派遣契約及び当該派遣先における慣行その他の事情からみて、当該派遣先における派遣就業が終了するまでの全期間において、その職務の内容及び配置が当該派遣先との雇用関係が終了するまでの全期間における当該通常の労働者の職務の内容及び配置の変更の範囲と同一の範囲で変更されることが見込まれるものについては、正当な理由がなく、基本給、賞与その他の待遇のそれぞれについて、当該待遇に対応する当該通常の労働者の待遇に比して不利なものとしてはならない。	2 派遣元事業主は、その雇用する派遣労働者の従事する業務と同種の業務に従事する派遣先に雇用される労働者との均衡を考慮しつつ、当該派遣労働者について、教育訓練及び福利厚生の実施その他当該派遣労働者の円滑な派遣就業の確保のために必要な措置を講ずるように配慮しなければならない。

第三十条の四　派遣元事業主は、厚生労働省令で定めるところにより、労働者の過半数で組織する労働組合がある場合においてはその労働組合、労働者の過半数で組織する労働組合がない場合においては労働者の過半数を代表する者との書面による協定により、その雇用する派遣労働者の待遇（第四十条第二項の教育訓練、同条第三項の福利厚生施設その他の厚生労働省令で定めるものに係るものを除く。以下この項において同じ。）について、次に掲げる事項を定めたときは、前条の規定は、第一号に掲げる範囲に属する派遣労働者の待遇については適用しない。ただし、第二号、第四号若しくは第五号に掲げる事項であつて当該協定で定めたものを遵守していない場合又は第三号に関する当該協定の定めによる公正な評価に取り組んでいない場合は、この限りでない。

一　その待遇が当該協定で定めるところによることとされる派遣労働者の範囲

二　前号に掲げる範囲に属する派遣労働者の賃金の決定の方法（次のイ及びロ（通勤手当その他の厚生労働省令で定めるものにあつては、イ）に該当するものに限る。）

イ　派遣労働者が従事する業務と同種の業務に従事する一般の労働者の平均的な賃金の額として厚生労働省令で定めるものと同等以上の賃金の額となるものであること。

ロ　派遣労働者の職務の内容、職務の成果、意欲、能力又は経験その他の就業の実態に関する事項の向上があつた場合に賃金が改善されるものであること。

三　派遣元事業主は、前号に掲げる賃金の決定の方法により賃金を決定するに当たつては、派遣労働者の職務の内容、職務の成果、意欲、能力又は経験その他の就業の実態に関する事項を公正に評価し、その賃金を決定すること。

四　第一号に掲げる範囲に属する派遣労働者の待遇（賃金を除く。以下この号において同じ。）の決定の方法（派遣労働者の待遇のそれぞれについて、当該待遇に対応する派遣元事業主に雇用される通常の労働者（派遣労働者を除く。）の待遇との間において、当該派遣労働者及び通常の労働者の職務の内容、当該

（新設）

職務の内容及び配置の変更の範囲その他の事情のうち、当該待遇の性質及び当該待遇を行う目的に照らして適切と認められるものを考慮して、不合理と認められる相違が生じることとならないものに限る。）

五　派遣元事業主は、第一号に掲げる範囲に属する派遣労働者に対して第三十条の二第一項の規定による教育訓練を実施すること。

六　前各号に掲げるもののほか、厚生労働省令で定める事項

2　前項の協定を締結した派遣元事業主は、厚生労働省令で定めるところにより、当該協定をその雇用する労働者に周知しなければならない。

（職務の内容等を勘案した賃金の決定）

第三十条の五　派遣元事業主は、派遣先に雇用される通常の労働者との均衡を考慮しつつ、その雇用する派遣労働者（第三十条の三第二項の派遣労働者及び前条第一項の協定で定めるところによる待遇とされる派遣労働者（以下「協定対象派遣労働者」という。）を除く。）の職務の内容、職務の成果、意欲、能力又は経験その他の就業の実態に関する事項を勘案し、その賃金（通勤手当その他の厚生労働省令で定めるものを除く。）を決定するように努めなければならない。

（就業規則の作成の手続）

第三十条の六　派遣元事業主は、派遣労働者に係る事項について就業規則を作成し、又は変更しようとするときは、あらかじめ、当該事業所において雇用する派遣労働者の過半数を代表すると認められるものの意見を聴くように努めなければならない。

（派遣労働者等の福祉の増進）

第三十条の七　第三十条から前条までに規定するもののほか、派遣元事業主は、その雇用する派遣労働者又は派遣労働者として雇用しようとする労働者について、各人の希望、能力及び経験に応じ

（新設）

（新設）

（派遣労働者等の福祉の増進）

第三十条の四　前三条に規定するもののほか、派遣元事業主は、その雇用する派遣労働者又は派遣労働者として雇用しようとする労働者について、各人の希望、能力及び経験に応じた就業の機会（

た就業の機会（派遣労働者以外の労働者としての就業の機会を含む。）及び教育訓練の機会の確保、労働条件の向上その他雇用の安定を図るために必要な措置を講ずることにより、これらの者の福祉の増進を図るように努めなければならない。

（待遇に関する事項等の説明）

第三十一条の二　（略）

2　派遣元事業主は、労働者を派遣労働者として雇い入れようとするときは、あらかじめ、当該労働者に対し、文書の交付その他厚生労働省令で定める方法（次項において「文書の交付等」という。）により、第一号に掲げる事項を明示するとともに、厚生労働省令で定めるところにより、第二号に掲げる措置の内容を説明しなければならない。

一　労働条件に関する事項のうち、労働基準法第十五条第一項に規定する厚生労働省令で定める事項以外のものであつて厚生労働省令で定めるもの

二　第三十条の三、第三十条の四第一項及び第三十条の五の規定により措置を講ずべきこととされている事項（労働基準法第十五条第一項に規定する厚生労働省令で定める事項及び前号に掲げる事項を除く。）に関し講ずることとしている措置の内容

3　派遣元事業主は、労働者派遣（第三十条の四第一項の協定に係るものを除く。）をしようとするときは、あらかじめ、当該労働者派遣に係る派遣労働者に対し、文書の交付等により、第一号に掲げる事項を明示するとともに、厚生労働省令で定めるところにより、第二号に掲げる措置の内容を説明しなければならない。

一　労働基準法第十五条第一項に規定する厚生労働省令で定める事項及び前項第一号に掲げる事項（厚生労働省令で定めるものを除く。）

二　前項第二号に掲げる措置の内容

4　派遣元事業主は、その雇用する派遣労働者から求めがあつたときは、当該派遣労働者に対し、当該派遣労働者と第二十六条第八項に規定する比較対象労働者との間の待遇の相違の内容及び理由

派遣労働者以外の労働者としての就業の機会を含む。）及び教育訓練の機会の確保、労働条件の向上その他雇用の安定を図るために必要な措置を講ずることにより、これらの者の福祉の増進を図るように努めなければならない。

（待遇に関する事項等の説明）

第三十一条の二　（略）

（新設）

（新設）

2　派遣元事業主は、その雇用する派遣労働者から求めがあつたときは、第三十条の三の規定により配慮すべきこととされている事項に関する決定をするに当たつて考慮した事項について、当該派遣

並びに第三十条の三から第三十条の六までの規定により措置を講ずべきこととされている事項に関する決定をするに当たつて考慮した事項を説明しなければならない。

5 派遣元事業主は、派遣労働者が前項の求めをしたことを理由として、当該派遣労働者に対して解雇その他不利益な取扱いをしてはならない。

（派遣先への通知）

第三十五条　派遣元事業主は、労働者派遣をするときは、厚生労働省令で定めるところにより、次に掲げる事項を派遣先に通知しなければならない。

一　（略）

二　当該労働者派遣に係る派遣労働者が協定対象派遣労働者であるか否かの別

三〜六　（略）

2 派遣元事業主は、前項の規定による通知をした後に同項第二号から第五号までに掲げる事項に変更があつたときは、遅滞なく、その旨を当該派遣先に通知しなければならない。

（派遣元管理台帳）

第三十七条　派遣元事業主は、厚生労働省令で定めるところにより、派遣就業に関し、派遣元管理台帳を作成し、当該台帳に派遣労

遣労働者に説明しなければならない。

（新設）

（派遣先への通知）

第三十五条　派遣元事業主は、労働者派遣をするときは、厚生労働省令で定めるところにより、次に掲げる事項を派遣先に通知しなければならない。

一　当該労働者派遣に係る派遣労働者の氏名

（新設）

二　当該労働者派遣に係る派遣労働者が無期雇用派遣労働者であるか有期雇用派遣労働者であるかの別

三　当該労働者派遣に係る派遣労働者が第四十条の二第一項第二号の厚生労働省令で定める者であるか否かの別

四　当該労働者派遣に係る派遣労働者に関する健康保険法第三十九条第一項の規定による被保険者の資格の取得の確認、厚生年金保険法第十八条第一項の規定による被保険者の資格の取得の確認及び雇用保険法第九条第一項の規定による被保険者となつたことの確認の有無に関する事項であつて厚生労働省令で定めるもの

五　その他厚生労働省令で定める事項

2 派遣元事業主は、前項の規定による通知をした後に同項第二号から第四号までに掲げる事項に変更があつたときは、遅滞なく、その旨を当該派遣先に通知しなければならない。

（派遣元管理台帳）

第三十七条　派遣元事業主は、厚生労働省令で定めるところにより、派遣就業に関し、派遣元管理台帳を作成し、当該台帳に派遣労

働者ごとに次に掲げる事項を記載しなければならない。
一　協定対象派遣労働者であるか否かの別
二～十三　（略）

2　（略）

第三節　派遣先の講ずべき措置等

（適正な派遣就業の確保等）
第四十条　（略）

2　派遣先は、その指揮命令の下に労働させる派遣労働者について、当該派遣労働者を雇用する派遣元事業主からの求めに応じ、当

働者ごとに次に掲げる事項を記載しなければならない。
（新設）
一　無期雇用派遣労働者であるか有期雇用派遣労働者であるかの別（当該派遣労働者が有期雇用派遣労働者である場合にあつては、当該有期雇用派遣労働者に係る労働契約の期間）
二　第四十条の二第一項第二号の厚生労働省令で定める者であるか否かの別
三　派遣先の氏名又は名称
四　事業所の所在地その他派遣就業の場所及び組織単位
五　労働者派遣の期間及び派遣就業をする日
六　始業及び終業の時刻
七　従事する業務の種類
八　第三十条第一項（同条第二項の規定により読み替えて適用する場合を含む。）の規定により講じた措置
九　教育訓練（厚生労働省令で定めるものに限る。）を行つた日時及び内容
十　派遣労働者から申出を受けた苦情の処理に関する事項
十一　紹介予定派遣に係る派遣労働者については、当該紹介予定派遣に関する事項
十二　その他厚生労働省令で定める事項

2　（略）

第三節　派遣先の講ずべき措置等

（適正な派遣就業の確保等）
第四十条　派遣先は、その指揮命令の下に労働させる派遣労働者から当該派遣就業に関し、苦情の申出を受けたときは、当該苦情の内容を当該派遣元事業主に通知するとともに、当該派遣元事業主との密接な連携の下に、誠意をもつて、遅滞なく、当該苦情の適切かつ迅速な処理を図らなければならない。

2　派遣先は、その指揮命令の下に労働させる派遣労働者について、当該派遣労働者を雇用する派遣元事業主からの求めに応じ、当

該派遣労働者が従事する業務と同種の業務に従事するその雇用する労働者が従事する業務の遂行に必要な能力を付与するための教育訓練については、当該派遣労働者が当該業務に必要な能力を習得することができるようにするため、当該派遣労働者が既に当該業務に必要な能力を有している場合その他厚生労働省令で定める場合を除き、当該派遣労働者に対しても、これを実施する等必要な措置を講じなければならない。

3　派遣先は、当該派遣先に雇用される労働者に対して利用の機会を与える福利厚生施設であつて、業務の円滑な遂行に資するものとして厚生労働省令で定めるものについては、その指揮命令の下に労働させる派遣労働者に対しても、利用の機会を与えなければならない。

4　前三項に定めるもののほか、派遣先は、その指揮命令の下に労働させる派遣労働者について、当該派遣就業が適正かつ円滑に行われるようにするため、適切な就業環境の維持、診療所等の施設であつて現に当該派遣先に雇用される労働者が通常利用しているもの（前項に規定する厚生労働省令で定める福利厚生施設を除く。）の利用に関する便宜の供与等必要な措置を講ずるように配慮しなければならない。

（削る）

5　派遣先は、第三十条の二、第三十条の三、第三十条の四第一項及び第三十一条の二第四項の規定による措置が適切に講じられるようにするため、派遣元事業主の求めに応じ、当該派遣先に雇用される労働者に関する情報、当該派遣労働者の業務の遂行の状況その他の情報であつて当該措置に必要なものを提供する等必要な協力をするように配慮しなければならない。

該派遣労働者が従事する業務と同種の業務に従事するその雇用する労働者が従事する業務の遂行に必要な能力を付与するための教育訓練については、当該派遣労働者が既に当該業務に必要な能力を有している場合その他厚生労働省令で定める場合を除き、派遣労働者に対しても、これを実施するよう配慮しなければならない。

3　派遣先は、当該派遣先に雇用される労働者に対して利用の機会を与える福利厚生施設であつて、業務の円滑な遂行に資するものとして厚生労働省令で定めるものについては、その指揮命令の下に労働させる派遣労働者に対しても、利用の機会を与えるように配慮しなければならない。

4　前三項に定めるもののほか、派遣先は、その指揮命令の下に労働させる派遣労働者について、当該派遣就業が適正かつ円滑に行われるようにするため、適切な就業環境の維持、診療所等の施設であつて現に当該派遣先に雇用される労働者が通常利用しているもの（前項に規定する厚生労働省令で定める福利厚生施設を除く。）の利用に関する便宜の供与等必要な措置を講ずるように努めなければならない。

5　派遣先は、第三十条の三第一項の規定により賃金が適切に決定されるようにするため、派遣元事業主の求めに応じ、その指揮命令の下に労働させる派遣労働者が従事する業務と同種の業務に従事する当該派遣先に雇用される労働者の賃金水準に関する情報又は当該業務に従事する労働者の募集に係る事項を提供することその他の厚生労働省令で定める措置を講ずるように配慮しなければならない。

6　前項に定めるもののほか、派遣先は、第三十条の二及び第三十条の三の規定による措置が適切に講じられるようにするため、派遣元事業主の求めに応じ、その指揮命令の下に労働させる派遣労働者が従事する業務と同種の業務に従事する当該派遣先に雇用される労働者に関する情報、当該派遣労働者の業務の遂行の状況その他の情報であつて当該措置に必要なものを提供する等必要な協

（派遣先管理台帳）

第四十二条　派遣先は、厚生労働省令で定めるところにより、派遣就業に関し、派遣先管理台帳を作成し、当該台帳に派遣労働者ごとに次に掲げる事項を記載しなければならない。

一　協定対象派遣労働者であるか否かの別

二～十一　（略）

2　（略）

3　派遣先は、厚生労働省令で定めるところにより、第一項各号（第四号を除く。）に掲げる事項を派遣元事業主に通知しなければならない。

第四節　労働基準法等の適用に関する特例等

（労働基準法の適用に関する特例）

第四十四条　（略）

力をするように努めなければならない。

（派遣先管理台帳）

第四十二条　派遣先は、厚生労働省令で定めるところにより、派遣就業に関し、派遣先管理台帳を作成し、当該台帳に派遣労働者ごとに次に掲げる事項を記載しなければならない。

（新設）

一　無期雇用派遣労働者であるか有期雇用派遣労働者であるかの別

二　第四十条の二第一項第二号の厚生労働省令で定める者であるか否かの別

三　派遣元事業主の氏名又は名称

四　派遣就業をした日

五　派遣就業をした日ごとの始業し、及び終業した時刻並びに休憩した時間

六　従事した業務の種類

七　派遣労働者から申出を受けた苦情の処理に関する事項

八　紹介予定派遣に係る派遣労働者については、当該紹介予定派遣に関する事項

九　教育訓練（厚生労働省令で定めるものに限る。）を行つた日時及び内容

十　その他厚生労働省令で定める事項

2　（略）

3　派遣先は、厚生労働省令で定めるところにより、第一項各号（第三号を除く。）に掲げる事項を派遣元事業主に通知しなければならない。

第四節　労働基準法等の適用に関する特例等

（労働基準法の適用に関する特例）

第四十四条　労働基準法第九条に規定する事業（以下この節において単に「事業」という。）の事業主（以下この条において単に「

2　派遣中の労働者の派遣就業に関しては、派遣先の事業のみを、派遣中の労働者を使用する事業とみなして、労働基準法第七条、第三十二条、第三十二条の二第一項、第三十二条の三第一項、第三十二条の四第一項から第三項まで、第三十三条から第三十五条まで、第三十六条第一項及び第六項、第四十条、第四十一条、第六十条から第六十三条まで、第六十四条の二、第六十四条の三、第六十六条から第六十八条まで並びに第百四十一条第三項の規定並びに当該規定に基づいて発する命令の規定（これらの規定に係る罰則の規定を含む。）を適用する。この場合において、同法第三十二条の二第一項中「当該事業場に」とあるのは「労働者派遣事業の適正な運営の確保及び派遣労働者の保護等に関する法律（以下「労働者派遣法」という。）第四十四条第三項に規定する派遣元の使用者（以下単に「派遣元の使用者」という。）が、当該派遣元の事業（同項に規定する派遣元の事業をいう。以下同じ。）の事業場に」と、同法第三十二条の三第一項中「就業規則その他これに準ずるものにより、」とあるのは「派遣元の使用者が就業規則その他これに準ずるものにより」と、「とした労働者」とあるのは「とした労働者であつて、当該労働者に係る労働者派遣法第二十六条第一項に規定する労働者派遣契約に基づきこの条の規定による労働時間により労働させることができるもの」と、「当該事業場の」とあるのは「派遣元の使用者が、当該派遣元の事業の事業場の」と、同法第三十二条の四第一項及び第二項中「当

事業主」という。）に雇用され、他の事業主の事業における派遣就業のために当該事業に派遣されている同条に規定する労働者（同居の親族のみを使用する事業に使用される者及び家事使用人を除く。）であつて、当該他の事業主（以下この条において「派遣先の事業主」という。）に雇用されていないもの（以下この節において「派遣中の労働者」という。）の派遣就業に関しては、当該派遣中の労働者が派遣されている事業（以下この節において「派遣先の事業」という。）もまた、派遣中の労働者を使用する事業とみなして、同法第三条、第五条及び第六十九条の規定（これらの規定に係る罰則の規定を含む。）を適用する。

2　派遣中の労働者の派遣就業に関しては、派遣先の事業のみを、派遣中の労働者を使用する事業とみなして、労働基準法第七条、第三十二条、第三十二条の二第一項、第三十二条の三、第三十二条の四第一項から第三項まで、第三十三条から第三十五条まで、第三十六条第一項、第四十条、第四十一条、第六十条から第六十三条まで、第六十四条の二、第六十四条の三及び第六十六条から第六十八条までの規定並びに当該規定に基づいて発する命令の規定（これらの規定に係る罰則の規定を含む。）を適用する。この場合において、同法第三十二条の二第一項中「当該事業場に」とあるのは「労働者派遣事業の適正な運営の確保及び派遣労働者の保護等に関する法律（以下「労働者派遣法」という。）第四十四条第三項に規定する派遣元の使用者（以下単に「派遣元の使用者」という。）が、当該派遣元の事業（同項に規定する派遣元の事業をいう。以下同じ。）の事業場に」と、同法第三十二条の三中「就業規則その他これに準ずるものにより、」とあるのは「派遣元の使用者が就業規則その他これに準ずるものにより」と、「とした労働者」とあるのは「とした労働者であつて、当該労働者に係る労働者派遣法第二十六条第一項に規定する労働者派遣契約に基づきこの条の規定による労働時間により労働させることができるもの」と、「当該事業場の」とあるのは「派遣元の使用者が、当該派遣元の事業の事業場の」と、同法第三十二条の四第一項及び第二項中「当該事業場に」とあるのは「派遣元の使用者が、当

該事業場に」とあるのは「派遣元の使用者が、当該派遣元の事業の事業場に」と、同法第三十六条第一項中「当該事業場に」とあるのは「派遣元の使用者が、当該派遣元の事業の事業場に」と、「協定をし、」とあるのは「協定をし、及び」とする。

3　労働者派遣をする事業主の事業（以下この節において「派遣元の事業」という。）の労働基準法第十条に規定する使用者（以下この条において「派遣元の使用者」という。）は、労働者派遣をする場合であつて、前項の規定により当該労働者派遣の役務の提供を受ける事業主の事業の同条に規定する使用者とみなされることとなる者が当該労働者派遣に係る労働者派遣契約に定める派遣就業の条件に従つて当該労働者派遣に係る派遣労働者を労働させたならば、同項の規定により適用される同法第三十二条、第三十四条、第三十五条、第三十六条第六項、第四十条、第六十一条から第六十三条まで、第六十四条の二、第六十四条の三若しくは第百四十一条第三項の規定又はこれらの規定に基づいて発する命令の規定（次項において「労働基準法令の規定」という。）に抵触することとなるときにおいては、当該労働者派遣をしてはならない。

4　（略）

5　前各項の規定による労働基準法の特例については、同法第三十八条の二第二項中「当該事業場」とあるのは「当該事業場（労働者派遣事業の適正な運営の確保及び派遣労働者の保護等に関する法律（昭和六十年法律第八十八号。以下「労働者派遣法」という。）第二十三条の二に規定する派遣就業にあつては、労働者派遣法第四十四条第三項に規定する派遣元の事業の事業場）」と、同法第三十八条の三第一項中「就かせたとき」とあるのは「就かせ

該派遣元の事業の事業場に」と、同法第三十六条第一項中「当該事業場に」とあるのは「派遣元の使用者が、当該派遣元の事業の事業場に」と、「これを行政官庁に」とあるのは「及びこれを行政官庁に」とする。

3　労働者派遣をする事業主の事業（以下この節において「派遣元の事業」という。）の労働基準法第十条に規定する使用者（以下この条において「派遣元の使用者」という。）は、労働者派遣をする場合であつて、前項の規定により当該労働者派遣の役務の提供を受ける事業主の事業の同条に規定する使用者とみなされることとなる者が当該労働者派遣に係る労働者派遣契約に定める派遣就業の条件に従つて当該労働者派遣に係る派遣労働者を労働させたならば、同項の規定により適用される同法第三十二条、第三十四条、第三十五条、第三十六条第一項ただし書、第四十条、第六十一条から第六十三条まで、第六十四条の二若しくは第六十四条の三の規定又はこれらの規定に基づいて発する命令の規定（次項において「労働基準法令の規定」という。）に抵触することとなるときにおいては、当該労働者派遣をしてはならない。

4　派遣元の使用者が前項の規定に違反したとき（当該労働者派遣に係る派遣中の労働者に関し第二項の規定により当該派遣先の事業の労働基準法第十条に規定する使用者とみなされる者において当該労働基準法令の規定に抵触することとなつたときに限る。）は、当該派遣元の使用者は当該労働基準法令の規定に違反したものとみなして、同法第百十八条、第百十九条及び第百二十一条の規定を適用する。

5　前各項の規定による労働基準法の特例については、同法第三十八条の二第二項中「当該事業場」とあるのは「当該事業場（労働者派遣事業の適正な運営の確保及び派遣労働者の保護等に関する法律（昭和六十年法律第八十八号。以下「労働者派遣法」という。）第二十三条の二に規定する派遣就業にあつては、労働者派遣法第四十四条第三項に規定する派遣元の事業の事業場）」と、同法第三十八条の三第一項中「就かせたとき」とあるのは「就かせ

たとき（派遣先の使用者（労働者派遣法第四十四条第一項又は第二項の規定により同条第一項に規定する派遣先の事業の第十条に規定する使用者とみなされる者をいう。以下同じ。）が就かせたときを含む。）」と、同法第九十九条第一項から第三項まで、第百条第一項及び第三項並びに第百四条の二中「この法律」とあるのは「この法律及び労働者派遣法第四十四条の規定」と、同法第百一条第一項、第百四条第二項、第百四条の二、第百五条の二、第百六条第一項及び第百九条中「使用者」とあるのは「使用者（派遣先の使用者を含む。）」と、同法第百二条中「この法律違反の罪」とあるのは「この法律（労働者派遣法第四十四条の規定により適用される場合を含む。）の違反の罪（同条第四項の規定による第百十八条、第百十九条及び第百二十一条の罪を含む。）」と、同法第百四条第一項中「この法律又はこの法律に基いて発する命令」とあるのは「この法律若しくはこの法律に基づいて発する命令の規定（労働者派遣法第四十四条の規定により適用される場合を含む。）又は同条第三項の規定」と、同法第百六条第一項中「この法律」とあるのは「この法律（労働者派遣法第四十四条の規定を含む。以下この項において同じ。）」と、「協定並びに第三十八条の四第一項及び同条第五項（第四十一条の二第三項において準用する場合を含む。）並びに第四十一条の二第一項に規定する決議」とあるのは「協定並びに第三十八条の四第一項及び同条第五項（第四十一条の二第三項において準用する場合を含む。）並びに第四十一条の二第一項に規定する決議（派遣先の使用者にあつては、この法律及びこれに基づく命令の要旨）」と、同法第百十二条中「この法律及びこの法律に基いて発する命令」とあるのは「この法律及びこの法律に基づいて発する命令の規定（労働者派遣法第四十四条の規定により適用される場合を含む。）並びに同条第三項の規定」として、これらの規定（これらの規定に係る罰則の規定を含む。）を適用する。

6 （略）

たとき（派遣先の使用者（労働者派遣法第四十四条第一項又は第二項の規定により同条第一項に規定する派遣先の事業の第十条に規定する使用者とみなされる者をいう。以下同じ。）が就かせたときを含む。）」と、同法第九十九条第一項から第三項まで、第百条第一項及び第三項並びに第百四条の二中「この法律」とあるのは「この法律及び労働者派遣法第四十四条の規定」と、同法第百一条第一項、第百四条第二項、第百四条の二、第百五条の二、第百六条第一項及び第百九条中「使用者」とあるのは「使用者（派遣先の使用者を含む。）」と、同法第百二条中「この法律違反の罪」とあるのは「この法律（労働者派遣法第四十四条の規定により適用される場合を含む。）の違反の罪（同条第四項の規定による第百十八条、第百十九条及び第百二十一条の罪を含む。）」と、同法第百四条第一項中「この法律又はこの法律に基いて発する命令」とあるのは「この法律若しくはこの法律に基づいて発する命令の規定（労働者派遣法第四十四条の規定により適用される場合を含む。）又は同条第三項の規定」と、同法第百六条第一項中「この法律」とあるのは「この法律（労働者派遣法第四十四条の規定を含む。以下この項において同じ。）」と、「協定並びに第三十八条の四第一項及び第五項に規定する決議」とあるのは「協定並びに第三十八条の四第一項及び第五項に規定する決議（派遣先の使用者にあつては、この法律及びこれに基づく命令の要旨）」と、同法第百十二条中「この法律及びこの法律に基いて発する命令」とあるのは「この法律及びこの法律に基づいて発する命令の規定（労働者派遣法第四十四条の規定により適用される場合を含む。）並びに同条第三項の規定」として、これらの規定（これらの規定に係る罰則の規定を含む。）を適用する。

6 この条の規定により労働基準法及び同法に基づいて発する命令の規定を適用する場合における技術的読替えその他必要な事項は、命令で定める。

（労働安全衛生法の適用に関する特例等）

第四十五条　労働者がその事業における派遣就業のために派遣されている派遣先の事業に関しては、当該派遣先の事業を行う者もまた当該派遣中の労働者を使用する事業者（労働安全衛生法（昭和四十七年法律第五十七号）第二条第三号に規定する事業者をいう。以下この条において同じ。）と、当該派遣中の労働者を当該派遣先の事業を行う者にもまた使用される労働者とみなして、同法第三条第一項、第四条、第十条、第十二条から第十三条（第二項及び第三項を除く。）まで、第十三条の二、第十三条の三、第十八条、第十九条の二、第五十九条第二項、第六十条の二、第六十二条、第六十六条の五第一項、第六十九条及び第七十条の規定（これらの規定に係る罰則の規定を含む。）を適用する。この場合において、同法第十条第一項中「第二十五条の二第二項」とあるのは「第二十五条の二第二項（労働者派遣事業の適正な運営の確保及び派遣労働者の保護等に関する法律（以下「労働者派遣法」という。）第四十五条第三項の規定により適用される場合を含む。）」と、「次の業務」とあるのは「次の業務（労働者派遣法第四十四条第一項に規定する派遣中の労働者（以下単に「派遣中の労働者」という。）に関しては、第二号の業務（第五十九条第三項に規定する安全又は衛生のための特別の教育に係るものを除く。）、第三号の業務（第六十六条第一項の規定による健康診断（同条第二項後段の規定による健康診断であつて厚生労働省令で定めるものを含む。）及び当該健康診断に係る同条第四項の規定による健康診断並びにこれらの健康診断に係る同条第五項ただし書の規定による健康診断に係るものに限る。）及び第五号の業務（厚生労働省令で定めるものに限る。）を除く。第十二条第一項及び第十二条の二において「派遣先安全衛生管理業務」という。）」と、同法第十二条第一項及び第十二条の二中「第十条第一項各号の業務」とあるのは「派遣先安全衛生管理業務」と、「第二十五条の二第二項」とあるのは「第二十五条の二第二項（労働者派遣法第四十五条第三項の規定により適用される場合を含む。）」

（労働安全衛生法の適用に関する特例等）

第四十五条　労働者がその事業における派遣就業のために派遣されている派遣先の事業に関しては、当該派遣先の事業を行う者もまた当該派遣中の労働者を使用する事業者（労働安全衛生法（昭和四十七年法律第五十七号）第二条第三号に規定する事業者をいう。以下この条において同じ。）と、当該派遣中の労働者を当該派遣先の事業を行う者にもまた使用される労働者とみなして、同法第三条第一項、第四条、第十条、第十二条から第十三条（第二項を除く。）まで、第十三条の二、第十八条、第十九条の二、第五十九条第二項、第六十条の二、第六十二条、第六十六条の五第一項、第六十九条及び第七十条の規定（これらの規定に係る罰則の規定を含む。）を適用する。この場合において、同法第十条第一項中「第二十五条の二第二項」とあるのは「第二十五条の二第二項（労働者派遣事業の適正な運営の確保及び派遣労働者の保護等に関する法律（以下「労働者派遣法」という。）第四十五条第三項の規定により適用される場合を含む。）」と、「次の業務」とあるのは「次の業務（労働者派遣法第四十四条第一項に規定する派遣中の労働者（以下単に「派遣中の労働者」という。）に関しては、第二号の業務（第五十九条第三項に規定する安全又は衛生のための特別の教育に係るものを除く。）、第三号の業務（第六十六条第一項の規定による健康診断（同条第二項後段の規定による健康診断であつて厚生労働省令で定めるものを含む。）及び当該健康診断に係る同条第四項の規定による健康診断並びにこれらの健康診断に係る同条第五項ただし書の規定による健康診断に係るものに限る。）及び第五号の業務（厚生労働省令で定めるものに限る。）を除く。第十二条第一項及び第十二条の二において「派遣先安全衛生管理業務」という。）」と、同法第十二条第一項及び第十二条の二中「第十条第一項各号の業務」とあるのは「派遣先安全衛生管理業務」と、「第二十五条の二第二項」とあるのは「第二十五条の二第二項（労働者派遣法第四十五条第三項の規定により適用される場合を含む。）」と、「同条第一項各号」と

と、「同条第一項各号」とあるのは「第二十五条の二第一項各号」と、同法第十三条第一項中「健康管理その他の厚生労働省令で定める事項（以下」とあるのは「健康管理その他の厚生労働省令で定める事項（派遣中の労働者に関しては、当該事項のうち厚生労働省令で定めるものを除く。第四項及び第五項、次条並びに第十三条の三において」と、同条第四項中「定めるもの」とあるのは「定めるもの（派遣中の労働者に関しては、当該情報のうち第一項の厚生労働省令で定めるものに関するものを除く。）」と、同法第十八条第一項中「次の事項」とあるのは「次の事項（派遣中の労働者に関しては、当該事項のうち厚生労働省令で定めるものを除く。）」とする。

2　その事業に使用する労働者が派遣先の事業における派遣就業のために派遣されている派遣元の事業に関する労働安全衛生法第十条第一項、第十二条第一項、第十二条の二、第十三条第一項及び第四項並びに第十八条第一項の規定の適用については、同法第十条第一項中「次の業務」とあるのは「次の業務（労働者派遣事業の適正な運営の確保及び派遣労働者の保護等に関する法律（以下「労働者派遣法」という。）第四十四条第一項に規定する派遣中の労働者（以下単に「派遣中の労働者」という。）に関しては、労働者派遣法第四十五条第一項の規定により読み替えて適用されるこの項の規定により労働者派遣法第四十四条第一項に規定する派遣先の事業を行う者がその選任する総括安全衛生管理者に統括管理させる業務を除く。第十二条第一項及び第十二条の二において「派遣元安全衛生管理業務」という。）」と、同法第十二条第一項及び第十二条の二中「第十条第一項各号の業務」とあるのは「派遣元安全衛生管理業務」と、同法第十三条第一項中「健康管理その他の厚生労働省令で定める事項（以下」とあるのは「健康管理その他の厚生労働省令で定める事項（派遣中の労働者に関しては、当該事項のうち厚生労働省令で定めるものに限る。第四項及び第五項、次条並びに第十三条の三において」と、同条第四項中「定めるもの」とあるのは「定めるもの（派遣中の労働者に関しては、当該情報のうち第一項の厚生労働省令で定めるものに関

あるのは「第二十五条の二第一項各号」と、同法第十三条第一項中「健康管理その他の厚生労働省令で定める事項（以下」とあるのは「健康管理その他の厚生労働省令で定める事項（派遣中の労働者に関しては、当該事項のうち厚生労働省令で定めるものを除く。第三項及び次条において」と、同法第十八条第一項中「次の事項」とあるのは「次の事項（派遣中の労働者に関しては、当該事項のうち厚生労働省令で定めるものを除く。）」とする。

2　その事業に使用する労働者が派遣先の事業における派遣就業のために派遣されている派遣元の事業に関する労働安全衛生法第十条第一項、第十二条第一項、第十二条の二、第十三条第一項及び第十八条第一項の規定の適用については、同法第十条第一項中「次の業務」とあるのは「次の業務（労働者派遣事業の適正な運営の確保及び派遣労働者の保護等に関する法律（以下「労働者派遣法」という。）第四十四条第一項に規定する派遣中の労働者（以下単に「派遣中の労働者」という。）に関しては、労働者派遣法第四十五条第一項の規定により読み替えて適用されるこの項の規定により労働者派遣法第四十四条第一項に規定する派遣先の事業を行う者がその選任する総括安全衛生管理者に統括管理させる業務を除く。第十二条第一項及び第十二条の二において「派遣元安全衛生管理業務」という。）」と、同法第十二条第一項及び第十二条の二中「第十条第一項各号の業務」とあるのは「派遣元安全衛生管理業務」と、同法第十三条第一項中「健康管理その他の厚生労働省令で定める事項（以下」とあるのは「健康管理その他の厚生労働省令で定める事項（派遣中の労働者に関しては、当該事項のうち厚生労働省令で定めるものに限る。第三項及び次条において」と、同法第十八条第一項中「次の事項」とあるのは「次の事項（派遣中の労働者に関しては、当該事項のうち厚生労働省令で定めるものに限る。）」とする。

するものに限る。）」と、同法第十八条第一項中「次の事項」とあるのは「次の事項（派遣中の労働者に関しては、当該事項のうち厚生労働省令で定めるものに限る。）」とする。

3　労働者がその事業における派遣就業のために派遣されている派遣先の事業に関しては、当該派遣先の事業を行う者を当該派遣中の労働者を使用する事業者と、当該派遣中の労働者を当該派遣先の事業を行う者に使用される労働者とみなして、労働安全衛生法第十一条、第十四条から第十五条の三まで、第十七条、第二十条から第二十七条まで、第二十八条の二から第三十条の三まで、第三十一条の三、第三十六条（同法第三十条第一項及び第四項、第三十条の二第一項及び第四項並びに第三十条の三第一項及び第四項の規定に係る部分に限る。）、第四十五条（第二項を除く。）、第五十七条の三から第五十八条まで、第五十九条第三項、第六十条、第六十一条第一項、第六十五条から第六十五条の四まで、第六十六条第二項前段及び後段（派遣先の事業を行う者が同項後段の政令で定める業務に従事させたことのある労働者（派遣中の労働者を含む。）に係る部分に限る。以下この条において同じ。）、第三項、第四項（同法第六十六条第二項前段及び後段並びに第三項の規定に係る部分に限る。以下この条において同じ。）並びに第五項（同法第六十六条第二項前段及び後段、第三項並びに第四項の規定に係る部分に限る。以下この条において同じ。）、第六十六条の三（同法第六十六条第二項前段及び後段、第三項、第四項並びに第五項の規定に係る部分に限る。以下この条において同じ。）、第六十六条の四、第六十六条の八の三、第六十八条、第六十八条の二、第七十一条の二、第九章第一節並びに第八十八条から第八十九条の二までの規定並びに当該規定に基づく命令の規定（これらの規定に係る罰則を含む。）を適用する。この場合において、同法第二十九条第一項中「この法律又はこれに基づく命令の規定」とあるのは「この法律若しくはこれに基づく命令の規定（労働者派遣事業の適正な運営の確保及び派遣労働者の保護等に関する法律（以下「労働者派遣法」という。）第四十五条の規定により適用される場合を含む。）又は同条第十項の規定若

3　労働者がその事業における派遣就業のために派遣されている派遣先の事業に関しては、当該派遣先の事業を行う者を当該派遣中の労働者を使用する事業者と、当該派遣中の労働者を当該派遣先の事業を行う者に使用される労働者とみなして、労働安全衛生法第十一条、第十四条から第十五条の三まで、第十七条、第二十条から第二十七条まで、第二十八条の二から第三十条の三まで、第三十一条の三、第三十六条（同法第三十条第一項及び第四項、第三十条の二第一項及び第四項並びに第三十条の三第一項及び第四項の規定に係る部分に限る。）、第四十五条（第二項を除く。）、第五十七条の三から第五十八条まで、第五十九条第三項、第六十条、第六十一条第一項、第六十五条から第六十五条の四まで、第六十六条第二項前段及び後段（派遣先の事業を行う者が同項後段の政令で定める業務に従事させたことのある労働者（派遣中の労働者を含む。）に係る部分に限る。以下この条において同じ。）、第三項、第四項（同法第六十六条第二項前段及び後段並びに第三項の規定に係る部分に限る。以下この条において同じ。）並びに第五項（同法第六十六条第二項前段及び後段、第三項並びに第四項の規定に係る部分に限る。以下この条において同じ。）、第六十六条の三（同法第六十六条第二項前段及び後段、第三項、第四項並びに第五項の規定に係る部分に限る。以下この条において同じ。）、第六十六条の四、第六十八条、第六十八条の二、第七十一条の二、第九章第一節並びに第八十八条から第八十九条の二までの規定並びに当該規定に基づく命令の規定（これらの規定に係る罰則を含む。）を適用する。この場合において、同法第二十九条第一項中「この法律又はこれに基づく命令の規定」とあるのは「この法律若しくはこれに基づく命令の規定（労働者派遣事業の適正な運営の確保及び派遣労働者の保護等に関する法律（以下「労働者派遣法」という。）第四十五条の規定により適用される場合を含む。）又は同条第十項の規定若しくは同項の規定に基

しくは同項の規定に基づく命令の規定」と、同条第二項中「この法律又はこれに基づく命令の規定」とあるのは「この法律若しくはこれに基づく命令の規定（労働者派遣法第四十五条の規定により適用される場合を含む。）又は同条第十項の規定若しくは同項の規定に基づく命令の規定」と、同法第三十条第一項第五号及び第八十八条第六項中「この法律又はこれに基づく命令の規定」とあるのは「この法律又はこれに基づく命令の規定（労働者派遣法第四十五条の規定により適用される場合を含む。）」と、同法第六十六条の四中「第六十六条第一項から第四項まで若しくは第五項ただし書又は第六十六条の二」とあるのは「第六十六条第二項前段若しくは後段（派遣先の事業を行う者が同項後段の政令で定める業務に従事させたことのある労働者（労働者派遣法第四十四条第一項に規定する派遣中の労働者を含む。）に係る部分に限る。以下この条において同じ。）、第三項、第四項（第六十六条第二項前段及び後段並びに第三項の規定に係る部分に限る。以下この条において同じ。）又は第五項ただし書（第六十六条第二項前段及び後段、第三項並びに第四項の規定に係る部分に限る。）」と、同法第六十六条の八の三中「第六十六条の八第一項」とあるのは「派遣元の事業（労働者派遣法第四十四条第三項に規定する派遣元の事業をいう。）の事業者が、第六十六条の八第一項」とする。

4～14　（略）

づく命令の規定」と、同条第二項中「この法律又はこれに基づく命令の規定」とあるのは「この法律若しくはこれに基づく命令の規定（労働者派遣法第四十五条の規定により適用される場合を含む。）又は同条第十項の規定若しくは同項の規定に基づく命令の規定」と、同法第三十条第一項第五号及び第八十八条第六項中「この法律又はこれに基づく命令の規定」とあるのは「この法律又はこれに基づく命令の規定（労働者派遣法第四十五条の規定により適用される場合を含む。）」と、同法第六十六条の四中「第六十六条第一項から第四項まで若しくは第五項ただし書又は第六十六条の二」とあるのは「第六十六条第二項前段若しくは後段（派遣先の事業を行う者が同項後段の政令で定める業務に従事させたことのある労働者（労働者派遣法第四十四条第一項に規定する派遣中の労働者を含む。）に係る部分に限る。以下この条において同じ。）、第三項、第四項（第六十六条第二項前段及び後段並びに第三項の規定に係る部分に限る。以下この条において同じ。）又は第五項ただし書（第六十六条第二項前段及び後段、第三項並びに第四項の規定に係る部分に限る。）」とする。

4　前項の規定により派遣中の労働者を使用する事業者とみなされた者に関しては、労働安全衛生法第四十五条第二項中「事業者」とあるのは、「労働者派遣事業の適正な運営の確保及び派遣労働者の保護等に関する法律第四十五条第三項の規定により同法第四十四条第一項に規定する派遣中の労働者を使用する事業者とみなされた者」として、同項の規定を適用する。

5　その事業に使用する労働者が派遣先の事業における派遣就業のために派遣されている派遣元の事業に関する第三項前段に掲げる規定及び労働安全衛生法第四十五条第二項の規定の適用については、当該派遣元の事業の事業者は当該派遣中の労働者を使用しないものと、当該派遣中の労働者は当該派遣元の事業の事業者に使

用されないものとみなす。

6　派遣元の事業の事業者は、労働者派遣をする場合であつて、第三項の規定によりその事業における当該派遣就業のために派遣される労働者を使用する事業者とみなされることとなる者が当該労働者派遣に係る労働者派遣契約に定める派遣就業の条件に従つて当該労働者派遣に係る派遣労働者を労働させたならば、同項の規定により適用される労働安全衛生法第五十九条第三項、第六十一条第一項、第六十五条の四又は第六十八条の規定（次項において単に「労働安全衛生法の規定」という。）に抵触することとなるときにおいては、当該労働者派遣をしてはならない。

7　派遣元の事業の事業者が前項の規定に違反したとき（当該労働者派遣に係る派遣中の労働者に関し第三項の規定により当該派遣中の労働者を使用する事業者とみなされる者において当該労働安全衛生法の規定に抵触することとなつたときに限る。）は、当該派遣元の事業の事業者は当該労働安全衛生法の規定に違反したものとみなして、同法第百十九条及び第百二十二条の規定を適用する。

8　第一項、第三項及び第四項に定めるもののほか、労働者がその事業における派遣就業のために派遣されている派遣先の事業に関しては、労働安全衛生法第五条第一項中「事業者」とあるのは「事業者（労働者派遣事業の適正な運営の確保及び派遣労働者の保護等に関する法律（以下「労働者派遣法」という。）第四十四条第一項に規定する派遣先の事業を行う者（以下「派遣先の事業者」という。）を含む。）」と、同条第四項中「当該事業の事業者」とあるのは「当該事業の事業者又は労働者派遣法第四十五条の規定により当該事業の事業者とみなされる者」と、「当該代表者のみが使用する」とあるのは「当該代表者が使用し、かつ、当該事業の事業者（派遣先の事業者を含む。）のうち当該代表者以外の者が使用しない」と、「この法律」とあるのは「この法律（労働者派遣法第四十五条の規定により適用される場合を含む。）」と、同法第十六条第一項中「第十五条第一項又は第三項」とあるのは「労働者派遣法第四十五条第三項の規定により適用される第

十五条第一項又は第三項」と、同法第十九条及び同条第四項において準用する同法第十七条第四項中「事業者」とあるのは「派遣先の事業者」と、同法第十九条第一項中「第十七条及び前条」とあるのは「労働者派遣法第四十五条の規定により適用される第十七条及び前条」と、同条第二項及び第三項並びに同条第四項において準用する同法第十七条第四項及び第五項中「労働者」とあるのは「労働者（労働者派遣法第四十四条第一項に規定する派遣中の労働者を含む。）」として、これらの規定を適用する。

9　その事業に使用する労働者が派遣先の事業における派遣就業のために派遣されている派遣元の事業に関する労働安全衛生法第十九条第一項の規定の適用については、同項中「第十七条及び前条」とあるのは、「労働者派遣事業の適正な運営の確保及び派遣労働者の保護等に関する法律第四十五条の規定により適用される第十七条及び前条」とする。

10　第三項の規定により派遣中の労働者を使用する事業者とみなされた者（第八項の規定により読み替えて適用される労働安全衛生法第五条第四項の規定により当該者とみなされる者を含む。）は、当該派遣中の労働者に対し第三項の規定により適用される同法第六十六条第二項、第三項若しくは第四項の規定による健康診断を行つたとき、又は当該派遣中の労働者から同条第五項ただし書の規定による健康診断の結果を証明する書面の提出があつたときは、遅滞なく、厚生労働省令で定めるところにより、当該派遣中の労働者に係る第六十六条の三の規定による記録に基づいてこれらの健康診断の結果を記載した書面を作成し、当該派遣元の事業の事業者に送付しなければならない。

11　前項の規定により同項の書面の送付を受けた派遣元の事業の事業者は、厚生労働省令で定めるところにより、当該書面を保存しなければならない。

12　前二項の規定に違反した者は、三十万円以下の罰金に処する。

13　法人の代表者又は法人若しくは人の代理人、使用人その他の従業者が、その法人又は人の業務に関して、前項の違反行為をしたときは、行為者を罰するほか、その法人又は人に対しても、同項

15　前各項の規定による労働安全衛生法の特例については、同法第九条中「事業者、」とあるのは「事業者（労働者派遣事業の適正な運営の確保及び派遣労働者の保護等に関する法律（以下「労働者派遣法」という。）第四十四条第一項に規定する派遣先の事業を行う者（以下「派遣先の事業者」という。）を含む。以下この条において同じ。）、」と、同法第二十八条第四項、第三十二条第一項から第四項まで、第三十三条第一項、第三十四条、第六十三条、第六十六条の五第三項、第七十条の二第二項、第七十一条の三第二項、第七十一条の四、第九十三条第二項及び第三項、第九十七条第二項、第九十八条第一項、第九十九条第一項、第九十九条の二第一項及び第二項、第百条から第百二条まで、第百三条第一項、第百四条第一項、第二項及び第四項、第百六条第一項並びに第百八条の二第三項中「事業者」とあるのは「事業者（派遣先の事業者を含む。）」と、同法第三十一条第一項中「の労働者」とあるのは「の労働者（労働者派遣法第四十四条第一項に規定する派遣中の労働者（以下単に「派遣中の労働者」という。）を含む。）」と、同法第三十一条の二、第三十一条の四並びに第三十二条第四項、第六項及び第七項中「労働者」とあるのは「労働者（派遣中の労働者を含む。）」と、同法第三十一条の四及び第九十七条第一項中「この法律又はこれに基づく命令の規定」とあるのは「この法律若しくはこれに基づく命令の規定（労働者派遣法第四十五条の規定により適用される場合を含む。）又は同条第六項、第十項若しくは第十一項の規定若しくはこれらの規定に基づく命令の規定」と、同法第九十条、第九十一条第一項及び第百条中「この法律」とあるのは「この法律及び労働者派遣法第四十五条の規定」と、同法第九十二条中「この法律の規定に違反する

の罰金刑を科する。

14　第十項の者は、当該派遣中の労働者に対し第三項の規定により適用される労働安全衛生法第六十六条の四の規定により医師又は歯科医師の意見を聴いたときは、遅滞なく、厚生労働省令で定めるところにより、当該意見を当該派遣元の事業の事業者に通知しなければならない。

15　前各項の規定による労働安全衛生法の特例については、同法第九条中「事業者、」とあるのは「事業者（労働者派遣事業の適正な運営の確保及び派遣労働者の保護等に関する法律（以下「労働者派遣法」という。）第四十四条第一項に規定する派遣先の事業を行う者（以下「派遣先の事業者」という。）を含む。以下この条において同じ。）、」と、同法第二十八条第四項、第三十二条第一項から第四項まで、第三十三条第一項、第三十四条、第六十三条、第六十六条の五第三項、第七十条の二第二項、第七十一条の三第二項、第七十一条の四、第九十三条第二項及び第三項、第九十七条第二項、第九十八条第一項、第九十九条第一項、第九十九条の二第一項及び第二項、第百条から第百二条まで、第百三条第一項、第百六条第一項並びに第百八条の二第三項中「事業者」とあるのは「事業者（派遣先の事業者を含む。）」と、同法第三十一条第一項中「の労働者」とあるのは「の労働者（労働者派遣法第四十四条第一項に規定する派遣中の労働者（以下単に「派遣中の労働者」という。）を含む。）」と、同法第三十一条の二、第三十一条の四並びに第三十二条第四項、第六項及び第七項中「労働者」とあるのは「労働者（派遣中の労働者を含む。）」と、同法第三十一条の四及び第九十七条第一項中「この法律又はこれに基づく命令の規定」とあるのは「この法律若しくはこれに基づく命令の規定（労働者派遣法第四十五条の規定により適用される場合を含む。）又は同条第六項、第十項若しくは第十一項の規定若しくはこれらの規定に基づく命令の規定」と、同法第九十条、第九十一条第一項及び第百条中「この法律」とあるのは「この法律及び労働者派遣法第四十五条の規定」と、同法第九十二条中「この法律の規定に違反する罪」とあるのは「この法律の規定（労

罪」とあるのは「この法律の規定（労働者派遣法第四十五条の規定により適用される場合を含む。）に違反する罪（同条第七項の規定による第百十九条及び第百二十二条の罪を含む。）並びに労働者派遣法第四十五条第十二項及び第十三項の罪」と、同法第九十八条第一項中「第三十四条の規定」とあるのは「第三十四条の規定（労働者派遣法第四十五条の規定により適用される場合を含む。）」と、同法第百一条第一項中「この法律」とあるのは「この法律（労働者派遣法第四十五条の規定を含む。）」と、同法第百三条第一項中「この法律又はこれに基づく命令の規定」とあるのは「この法律又はこれに基づく命令の規定（労働者派遣法第四十五条の規定により適用される場合を含む。）」と、同法第百四条第一項中「この法律又はこれに基づく命令の規定」とあるのは「この法律若しくはこれに基づく命令の規定（労働者派遣法第四十五条の規定により適用される場合を含む。）又は同条第十項若しくは第十一項の規定若しくはこれらの規定に基づく命令の規定」と、同法第百十五条第一項中「（第二章の規定を除く。）」とあるのは「（第二章の規定を除く。）及び労働者派遣法第四十五条の規定」として、これらの規定（これらの規定に係る罰則の規定を含む。）を適用する。

16・17　（略）

働者派遣法第四十五条の規定により適用される場合を含む。）に違反する罪（同条第七項の規定による第百十九条及び第百二十二条の罪を含む。）並びに労働者派遣法第四十五条第十二項及び第十三項の罪」と、同法第九十八条第一項中「第三十四条の規定」とあるのは「第三十四条の規定（労働者派遣法第四十五条の規定により適用される場合を含む。）」と、同法第百一条第一項中「この法律」とあるのは「この法律（労働者派遣法第四十五条の規定を含む。）」と、同法第百三条第一項中「この法律又はこれに基づく命令の規定」とあるのは「この法律又はこれに基づく命令の規定（労働者派遣法第四十五条の規定により適用される場合を含む。）」と、同法第百十五条第一項中「（第二章の規定を除く。）」とあるのは「（第二章の規定を除く。）及び労働者派遣法第四十五条の規定」として、これらの規定（これらの規定に係る罰則の規定を含む。）を適用する。

16　第一項から第五項まで、第七項から第九項まで及び前項の規定により適用される労働安全衛生法若しくは同法に基づく命令の規定又は第六項、第十項若しくは第十一項の規定若しくはこれらの規定に基づく命令の規定に違反した者に関する同法の規定の適用については、同法第四十六条第二項第一号中「この法律又はこれに基づく命令の規定」とあるのは「この法律若しくはこれに基づく命令の規定（労働者派遣事業の適正な運営の確保及び派遣労働者の保護等に関する法律（以下「労働者派遣法」という。）第四十五条の規定により適用される場合を含む。）又は同条第六項、第十項若しくは第十一項の規定若しくはこれらの規定に基づく命令の規定」と、同法第五十四条の三第二項第一号中「第四十五条第一項若しくは第二項の規定若しくはこれらの規定に基づく命令」とあるのは「第四十五条第一項若しくは第二項の規定若しくは

（じん肺法の適用に関する特例等）

これらの規定に基づく命令の規定（労働者派遣法第四十五条第三項及び第四項の規定により適用される場合を含む。）」と、同法第五十六条第六項中「この法律若しくはこれに基づく命令の規定又はこれらの規定に基づく処分」とあるのは「この法律若しくはこれに基づく命令の規定（労働者派遣法第四十五条の規定により適用される場合を含む。）、これらの規定に基づく処分又は同条第六項、第十項若しくは第十一項の規定若しくはこれらの規定に基づく命令の規定」と、同法第七十四条第二項第二号、第七十五条の三第二項第三号（同法第八十三条の三及び第八十五条の三において準用する場合を含む。）、第八十四条第二項第二号及び第九十九条の三第一項中「この法律又はこれに基づく命令の規定」とあるのは「この法律若しくはこれに基づく命令の規定（労働者派遣法第四十五条の規定により適用される場合を含む。）又は同条第六項、第十項若しくは第十一項の規定若しくはこれらの規定に基づく命令の規定」と、同法第七十五条の四第二項（同法第八十三条の三及び第八十五条の三において準用する場合を含む。）及び第七十五条の五第四項（同法第八十三条の三において準用する場合を含む。）中「この法律（これに基づく命令又は処分を含む。）」とあるのは「この法律若しくはこれに基づく命令の規定（労働者派遣法第四十五条の規定により適用される場合を含む。）、これらの規定に基づく処分、同条第六項、第十項若しくは第十一項の規定若しくはこれらの規定に基づく命令の規定」と、同法第八十四条第二項第三号中「この法律及びこれに基づく命令」とあるのは「この法律及びこれに基づく命令（労働者派遣法第四十五条の規定により適用される場合を含む。）並びに労働者派遣法（同条第六項、第十項及び第十一項の規定に限る。）及びこれに基づく命令」とする。

17　この条の規定により労働安全衛生法及び同法に基づく命令の規定を適用する場合における技術的読替えその他必要な事項は、命令で定める。

（じん肺法の適用に関する特例等）

第四十六条　（略）

2～11　（略）

第四十六条　労働者がその事業における派遣就業のために派遣されている派遣先の事業で、じん肺法（昭和三十五年法律第三十号）第二条第一項第三号に規定する粉じん作業（以下この条において単に「粉じん作業」という。）に係るものに関しては、当該派遣先の事業を行う者を当該派遣中の労働者（当該派遣先の事業において、常時粉じん作業に従事している者及び常時粉じん作業に従業したことのある者に限る。以下第四項まで及び第七項において同じ。）を使用する同法第二条第一項第五号に規定する事業者（以下この条において単に「事業者」という。）と、当該派遣中の労働者を当該派遣先の事業を行う者に使用される労働者とみなして、同法第五条から第九条の二まで、第十一条から第十四条まで、第十五条第三項、第十六条から第十七条まで及び第三十五条の二の規定（これらの規定に係る罰則の規定を含む。）を適用する。この場合において、同法第九条の二第一項中「、離職」とあるのは「、離職（労働者派遣事業の適正な運営の確保及び派遣労働者の保護等に関する法律（以下「労働者派遣法」という。）第四十六条第一項に規定する派遣中の労働者については、当該派遣中の労働者に係る労働者派遣法第二条第一号に規定する労働者派遣の役務の提供の終了。以下この項において同じ。）」と、同法第三十五条の二中「この法律」とあるのは「この法律（労働者派遣法第四十六条の規定を含む。）」とする。

2　その事業に使用する労働者が派遣先の事業（粉じん作業に係るものに限る。）における派遣就業のために派遣されている派遣元の事業（粉じん作業に係るものに限る。）に関する前項前段に掲げる規定の適用については、当該派遣元の事業の事業者は当該派遣中の労働者を使用しないものと、当該派遣中の労働者は当該派遣元の事業の事業者に使用されないものとみなす。

3　第一項の規定によりじん肺法の規定を適用する場合には、同法第十条中「事業者は、じん肺健康診断を」とあるのは「労働者派遣事業の適正な運営の確保及び派遣労働者の保護等に関する法律第四十四条第一項に規定する派遣先の事業（以下単に「派遣先の事業」という。）を行う者が同法第四十六条第一項に規定する派

遣中の労働者に対してじん肺健康診断を」と、「労働安全衛生法第六十六条第一項又は第二項の」とあるのは「同法第四十四条第三項に規定する派遣元の事業を行う者にあつては労働安全衛生法第六十六条第一項又は第二項の、派遣先の事業を行う者にあつては同条第二項の」として、同条の規定を適用する。

4　粉じん作業に係る事業における派遣中の労働者の派遣就業に関しては、当該派遣元の事業を行う者（事業者に該当する者を除く。次項及び第六項において同じ。）を事業者と、当該派遣先の事業を行う者もまた当該派遣中の労働者を使用する事業者と、当該派遣中の労働者を当該派遣先の事業を行う者にもまた使用される労働者とみなして、じん肺法第二十条の二から第二十一条まで及び第二十二条の二の規定（同法第二十一条の規定に係る罰則の規定を含む。）を適用する。

5　粉じん作業に係る事業における派遣中の労働者の派遣就業に関しては、派遣元の事業を行う者を事業者とみなして、じん肺法第二十二条の規定（同条の規定に係る罰則の規定を含む。）を適用する。

6　派遣先の事業において常時粉じん作業に従事したことのある労働者であつて現に派遣元の事業を行う者に雇用されるもののうち、常時粉じん作業に従事する労働者以外の者（当該派遣先の事業において現に粉じん作業以外の作業に常時従事している者を除く。）については、当該派遣元の事業を行う者を事業者とみなして、じん肺法第八条から第十四条まで、第十五条第三項、第十六条から第十七条まで、第二十条の二、第二十二条の二及び第三十五条の二の規定（これらの規定に係る罰則の規定を含む。）を適用する。この場合において、同法第十条中「事業者は、じん肺健康診断を」とあるのは「労働者派遣事業の適正な運営の確保及び派遣労働者の保護等に関する法律（以下「労働者派遣法」という。）第四十四条第三項に規定する派遣元の事業（以下単に「派遣元の事業」という。）を行う者が同条第一項に規定する派遣中の労働者又は同項に規定する派遣中の労働者であつた者に対してじん肺健康診断を」と、「労働安全衛生法第六十六条第一項又は第二

項の」とあるのは「派遣元の事業を行う者にあつては労働安全衛生法第六十六条第一項又は第二項の、労働者派遣法第四十四条第一項に規定する派遣先の事業を行う者にあつては労働安全衛生法第六十六条第二項の」と、同法第三十五条の二中「この法律」とあるのは「この法律（労働者派遣法第四十六条の規定を含む。）」とする。

7　第一項の規定により派遣中の労働者を使用する事業者とみなされた者は、当該派遣中の労働者に対してじん肺健康診断を行つたとき又は同項の規定により適用されるじん肺法第十一条ただし書の規定により当該派遣中の労働者からじん肺健康診断の結果を証明する書面その他の書面の提出を受けたときにあつては、厚生労働省令で定めるところにより、当該派遣中の労働者に係る同項の規定により適用される同法第十七条第一項の規定により作成した記録に基づいて当該じん肺健康診断の結果を記載した書面を作成し、第一項の規定により適用される同法第十四条第一項（同法第十五条第三項、第十六条第二項及び第十六条の二第二項において準用する場合を含む。）の規定による通知を受けたときにあつては、厚生労働省令で定めるところにより、当該通知の内容を記載した書面を作成し、遅滞なく、当該派遣元の事業を行う者に送付しなければならない。

8　前項の規定により同項の書面の送付を受けた派遣元の事業を行う者は、厚生労働省令で定めるところにより、当該書面を保存しなければならない。

9　派遣元の事業を行う者は、粉じん作業に係る事業における派遣就業に従事する派遣中の労働者で常時粉じん作業に従事するもの（じん肺管理区分が管理二、管理三又は管理四と決定された労働者を除く。）が労働安全衛生法第六十六条第一項又は第二項の健康診断（当該派遣先の事業を行う者の行うものを除く。）において、じん肺法第二条第一項第一号に規定するじん肺（以下単に「じん肺」という。）の所見があり、又はじん肺にかかつている疑いがあると診断されたときは、遅滞なく、その旨を当該派遣先の事業を行う者に通知しなければならない。

12　前各項の規定によるじん肺法の特例については、同法第三十二条第一項中「事業者」とあるのは「事業者（労働者派遣事業の適正な運営の確保及び派遣労働者の保護等に関する法律（以下「労働者派遣法」という。）第四十六条の規定により事業者とみなされた者を含む。第三十五条の三第一項、第二項及び第四項、第四十三条の二第二項並びに第四十四条において「事業者等」という。）」と、同法第三十五条の三第一項、第二項及び第四項中「事業者」とあるのは「事業者等」と、同条第一項中「この法律又はこれに基づく命令の規定」とあるのは「この法律若しくはこれに基づく命令の規定（労働者派遣法第四十六条の規定により適用される場合を含む。）又は同条第七項から第九項までの規定若しくはこれらの規定に基づく命令の規定」と、同法第三十九条第二項及び第三項中「この法律」とあるのは「この法律（労働者派遣法第四十六条の規定により適用される場合を含む。）」と、同条第三項中「第二十一条第四項」とあるのは「第二十一条第四項（労働者派遣法第四十六条第四項の規定により適用される場合を含む。）」と、同法第四十条第一項中「粉じん作業を行う事業場」とあるのは「粉じん作業を行う事業場（労働者派遣法第四十六条の規定により事業者とみなされた者の事業場を含む。第四十二条第一項において同じ。）」と、同法第四十一条及び第四十二条第一項中「この法律」とあるのは「この法律及び労働者派遣法第四十六条の規定」と、同法第四十三条中「この法律の規定に違反する罪」とあるのは「この法律の規定（労働者派遣法第四十六条の規定により適用される場合を含む。）に違反する罪並びに同条第十項及び第十一項の罪」と、同法第四十三条の二第一項中「この法律又はこれに基づく命令の規定」とあるのは「この法律若しくはこれに基づく命令の規定（労働者派遣法第四十六条の規定により

10　前三項の規定に違反した者は、三十万円以下の罰金に処する。

11　法人の代表者又は法人若しくは人の代理人、使用人その他の従業者が、その法人又は人の業務に関して、前項の違反行為をしたときは、行為者を罰するほか、その法人又は人に対しても、同項の罰金刑を科する。

12　前各項の規定によるじん肺法の特例については、同法第三十二条第一項中「事業者」とあるのは「事業者（労働者派遣事業の適正な運営の確保及び派遣労働者の保護等に関する法律（以下「労働者派遣法」という。）第四十六条の規定により事業者とみなされた者を含む。第四十三条の二第二項及び第四十四条において「事業者等」という。）」と、同法第三十九条第二項及び第三項中「この法律」とあるのは「この法律（労働者派遣法第四十六条の規定により適用される場合を含む。）」と、同条第三項中「第二十一条第四項」とあるのは「第二十一条第四項（労働者派遣法第四十六条第四項の規定により適用される場合を含む。）」と、同法第四十条第一項中「粉じん作業を行う事業場」とあるのは「粉じん作業を行う事業場（労働者派遣法第四十六条の規定により事業者とみなされた者の事業場を含む。第四十二条第一項において同じ。）」と、同法第四十一条及び第四十二条第一項中「この法律」とあるのは「この法律及び労働者派遣法第四十六条の規定」と、同法第四十三条中「この法律の規定に違反する罪」とあるのは「この法律の規定（労働者派遣法第四十六条の規定により適用される場合を含む。）に違反する罪並びに同条第十項及び第十一項の罪」と、同法第四十三条の二第一項中「この法律又はこれに基づく命令の規定」とあるのは「この法律若しくはこれに基づく命令の規定（労働者派遣法第四十六条の規定により適用される場合を含む。）又は同条第七項から第九項までの規定若しくはこれらの規定に基づく命令の規定」と、同条第二項及び同法第四十四条中「事業者」とあるのは「事業者等」として、これらの規定（これらの規定に係る罰則の規定を含む。）を適用する。

適用される場合を含む。）又は同条第七項から第九項までの規定若しくはこれらの規定に基づく命令の規定」と、同法第四十四条中「事業者」とあるのは「事業者等」として、同条第二項及びこれらの規定（これらの規定に係る罰則の規定を含む。）を適用する。

13・14　（略）

第四章　紛争の解決

第一節　紛争の解決の援助等

（苦情の自主的解決）

第四十七条の四　派遣元事業主は、第三十条の三、第三十条の四及び第三十一条の二第二項から第五項までに定める事項に関し、派遣労働者から苦情の申出を受けたとき、又は派遣労働者が派遣先に対して申し出た苦情の内容が当該派遣先から通知されたときは、その自主的な解決を図るように努めなければならない。

2　派遣先は、第四十条第二項及び第三項に定める事項に関し、派遣労働者から苦情の申出を受けたときは、その自主的な解決を図

13　派遣元の事業を行う者が事業者に該当する場合であつてその者が派遣中の労働者に対してじん肺健康診断を行つたときにおけるじん肺法第十条の規定の適用については、同条中「事業者は、」とあるのは「労働者派遣事業の適正な運営の確保及び派遣労働者の保護等に関する法律（以下「労働者派遣法」という。）第四十四条第三項に規定する派遣元の事業（以下単に「派遣元の事業」という。）を行う者が」と、「労働安全衛生法第六十六条第一項又は第二項の」とあるのは「派遣元の事業を行う者にあつては労働安全衛生法第六十六条第一項又は第二項の、労働者派遣法第四十四条第一項に規定する派遣先の事業を行う者にあつては労働安全衛生法第六十六条第二項の」とする。

14　この条の規定によりじん肺法及び同法に基づく命令の規定を適用する場合における技術的読替えその他必要な事項は、命令で定める。

（新設）

（新設）

（新設）

るように努めなければならない。

（紛争の解決の促進に関する特例）
第四十七条の五　前条第一項の事項についての派遣労働者と派遣元事業主との間の紛争及び同条第二項の事項についての派遣労働者と派遣先との間の紛争については、個別労働関係紛争の解決の促進に関する法律（平成十三年法律第百十二号）第四条、第五条及び第十二条から第十九条までの規定は適用せず、次条から第四十七条の九までに定めるところによる。

（新設）

（紛争の解決の援助）
第四十七条の六　都道府県労働局長は、前条に規定する紛争に関し、当該紛争の当事者の双方又は一方からその解決につき援助を求められた場合には、当該紛争の当事者に対し、必要な助言、指導又は勧告をすることができる。
2　派遣元事業主及び派遣先は、派遣労働者が前項の援助を求めたことを理由として、当該派遣労働者に対して不利益な取扱いをしてはならない。

（新設）

第二節　調停

（新設）

（調停の委任）
第四十七条の七　都道府県労働局長は、第四十七条の五に規定する紛争について、当該紛争の当事者の双方又は一方から調停の申請があつた場合において当該紛争の解決のために必要があると認めるときは、個別労働関係紛争の解決の促進に関する法律第六条第一項の紛争調整委員会に調停を行わせるものとする。
2　前条第二項の規定は、派遣労働者が前項の申請をした場合について準用する。

（新設）

（調停）
第四十七条の八　雇用の分野における男女の均等な機会及び待遇の

（新設）

確保等に関する法律第十九条、第二十条第一項及び第二十一条から第二十六条までの規定は、前条第一項の調停の手続について準用する。この場合において、同法第十九条第一項中「前条第一項」とあるのは「労働者派遣事業の適正な運営の確保及び派遣労働者の保護等に関する法律第四十七条の七第一項」と、同法第二十条第一項中「関係当事者」とあるのは「関係当事者又は関係当事者と同一の事業所に雇用される労働者その他の参考人」と、同法第二十五条第一項中「第十八条第一項」とあるのは「労働者派遣事業の適正な運営の確保及び派遣労働者の保護等に関する法律第四十七条の七第一項」と読み替えるものとする。

（厚生労働省令への委任）
第四十七条の九　この節に定めるもののほか、調停の手続に関し必要な事項は、厚生労働省令で定める。

第五章　雑則

（事業主団体等の責務）
第四十七条の十　（略）

（指針）
第四十七条の十一　厚生労働大臣は、第二十四条の三及び第三章第一節から第三節までの規定により派遣元事業主及び派遣先が講ずべき措置に関して、その適切かつ有効な実施を図るため必要な指針を公表するものとする。

（指導及び助言等）
第四十八条　厚生労働大臣は、この法律（第三章第四節の規定を除く。第四十九条の三第一項、第五十条及び第五十一条第一項において同じ。）の施行に関し必要があると認めるときは、労働者派遣をする事業主及び労働者派遣の役務の提供を受ける者に対し、労働者派遣事業の適正な運営又は適正な派遣就業を確保するため

（新設）

第四章　雑則

（事業主団体等の責務）
第四十七条の四　（略）

（指針）
第四十七条の五　厚生労働大臣は、第二十四条の三及び前章第一節から第三節までの規定により派遣元事業主及び派遣先が講ずべき措置に関して、その適切かつ有効な実施を図るため必要な指針を公表するものとする。

（指導及び助言等）
第四十八条　厚生労働大臣は、この法律（前章第四節の規定を除く。第四十九条の三第一項、第五十条及び第五十一条第一項において同じ。）の施行に関し必要があると認めるときは、労働者派遣をする事業主及び労働者派遣の役務の提供を受ける者に対し、労働者派遣事業の適正な運営又は適正な派遣就業を確保するために

に必要な指導及び助言をすることができる。

2・3　（略）

（公表等）

第四十九条の二　厚生労働大臣は、労働者派遣の役務の提供を受ける者が、第四条第三項、第二十四条の二、第二十六条第七項若しくは第十項、第四十条第二項若しくは第三項、第四十条の二第一項、第四項若しくは第五項、第四十条の三若しくは第四十条の九第一項の規定に違反しているとき、又はこれらの規定に違反して第四十八条第一項の規定による指導若しくは助言を受けたにもかかわらずなおこれらの規定に違反するおそれがあると認めるときは、当該労働者派遣の役務の提供を受ける者に対し、第四条第三項、第二十四条の二、第二十六条第七項若しくは第十項、第四十条第二項若しくは第三項、第四十条の二第一項、第四項若しくは第五項、第四十条の三若しくは第四十条の九第一項の規定に違反する派遣就業を是正するために必要な措置又は当該派遣就業が行われることを防止するために必要な措置をとるべきことを勧告することができる。

2　（略）

第六章　罰則

必要な指導及び助言をすることができる。

2・3　（略）

（公表等）

第四十九条の二　厚生労働大臣は、労働者派遣の役務の提供を受ける者が、第四条第三項、第二十四条の二、第四十条の二第一項、第四項若しくは第五項、第四十条の三若しくは第四十条の九第一項の規定に違反しているとき、又はこれらの規定に違反して第四十八条第一項の規定による指導若しくは助言を受けたにもかかわらずなおこれらの規定に違反するおそれがあると認めるときは、当該労働者派遣の役務の提供を受ける者に対し、第四条第三項、第二十四条の二、第四十条の二第一項、第四項若しくは第五項、第四十条の三若しくは第四十条の九第一項の規定に違反する派遣就業を是正するために必要な措置又は当該派遣就業が行われることを防止するために必要な措置をとるべきことを勧告することができる。

2　（略）

第五章　罰則

○ 労働時間等の設定の改善に関する特別措置法（平成四年法律第九十号）（抄）（第六条関係）

（傍線部分は改正部分）

改正案

目次

第一章・第二章 （略）

第三章 労働時間等の設定の改善の実施体制の整備等（第六条―第七条の二）

第四章 （略）

附則

（定義）

第一条の二 （略）

2 この法律において「労働時間等の設定」とは、労働時間、休日数、年次有給休暇を与える時季、深夜業の回数、終業から始業までの時間その他の労働時間等に関する事項を定めることをいう。

（事業主等の責務）

第二条 事業主は、その雇用する労働者の労働時間等の設定の改善を図るため、業務の繁閑に応じた労働者の始業及び終業の時刻の設定、健康及び福祉を確保するために必要な終業から始業までの時間の設定、年次有給休暇を取得しやすい環境の整備その他の必要な措置を講ずるように努めなければならない。

2・3 （略）

4 事業主は、他の事業主との取引を行う場合において、著しく短い期限の設定及び発注の内容の頻繁な変更を行わないこと、当該他の事業主の講ずる労働時間等の設定の改善に関する措置の円滑な実施を阻害することとなる取引条件を付けないこと等取引上必

現行

目次

第一章・第二章 （略）

第三章 労働時間等の設定の改善の実施体制の整備等（第六条・第七条）

第四章 （略）

附則

（定義）

第一条の二 この法律において「労働時間等」とは、労働時間、休日及び年次有給休暇（労働基準法（昭和二十二年法律第四十九号）第三十九条の規定による年次有給休暇として与えられるものをいう。以下同じ。）その他の休暇をいう。

2 この法律において「労働時間等の設定」とは、労働時間、休日数、年次有給休暇を与える時季その他の労働時間等に関する事項を定めることをいう。

（事業主等の責務）

第二条 事業主は、その雇用する労働者の労働時間等の設定の改善を図るため、業務の繁閑に応じた労働者の始業及び終業の時刻の設定、年次有給休暇を取得しやすい環境の整備その他の必要な措置を講ずるように努めなければならない。

2・3 （略）

4 事業主は、他の事業主との取引を行う場合において、当該他の事業主の講ずる労働時間等の設定の改善に関する措置の円滑な実施を阻害することとなる取引条件を付けない等取引上必要な配慮をするように努めなければならない。

要な配慮をするように努めなければならない。

第三章　労働時間等の設定の改善の実施体制の整備等

（労働時間等設定改善委員会の決議に係る労働基準法の適用の特例）

第七条　前条に規定する委員会のうち事業場ごとのものであって次に掲げる要件に適合するもの（以下この条において「労働時間等設定改善委員会」という。）が設置されている場合において、労働時間等設定改善委員会でその委員の五分の四以上の多数による議決により労働基準法第三十二条の二第一項、第三十二条の三第一項（同条第二項及び第三項の規定により読み替えて適用する場合を含む。以下この条において同じ。）、第三十二条の四第一項及び第二項、第三十二条の五第一項、第三十四条第二項ただし書、第三十六条第一項、第二項及び第五項、第三十七条第三項、第三十八条の二第二項、第三十八条の三第一項並びに第三十九条第四項及び第六項の規定（これらの規定のうち、同法第三十二条の二第一項、第三十二条の三第一項、第三十二条の四第一項及び第二項並びに第三十六条第一項の規定にあっては労働者派遣事業の適正な運営の確保及び派遣労働者の保護等に関する法律（昭和六十年法律第八十八号。以下この条において「労働者派遣法」という。）第四十四条第二項の規定により読み替えて適用する場合を、労働基準法第三十八条の二第二項及び第三十八条の三第一項の規定にあっては労働者派遣法第四十四条第五項の規定により読み替えて適用する場合を含む。以下この条において「労働時間に関する規定」という。）に規定する事項について決議が行われたときは、当該労働時間等設定改善委員会に係る事業場の使用者（労働基準法第十条に規定する使用者をいう。次条において同じ。）については、労働基準法第三十二条の二第一項中「協定」とあるのは「協定（労働時間等の設定の改善に関する特別措置法第七条に規定する労働時間等設定改善委員会の決議（第三十二条の四第二項及び第三十六条第八項において「決議」という。）を含む。

第三章　労働時間等の設定の改善の実施体制の整備等

（労働時間等設定改善委員会の決議に係る労働基準法の適用の特例等）

第七条　前条に規定する委員会のうち事業場ごとのものであって次に掲げる要件に適合するもの（以下この条において「労働時間等設定改善委員会」という。）が設置されている場合において、労働時間等設定改善委員会でその委員の五分の四以上の多数による議決により労働基準法第三十二条の二第一項、第三十二条の三、第三十二条の四第一項及び第二項、第三十二条の五第一項、第三十四条第二項ただし書、第三十六条第一項、第三十七条第三項、第三十八条の二第二項、第三十八条の三第一項並びに第三十九条第四項及び第六項の規定（これらの規定のうち、同法第三十二条の二第一項、第三十二条の三、第三十二条の四第一項及び第二項並びに第三十六条第一項の規定にあっては労働者派遣事業の適正な運営の確保及び派遣労働者の保護等に関する法律（昭和六十年法律第八十八号。以下この項において「労働者派遣法」という。）第四十四条第二項の規定により読み替えて適用する場合を、労働基準法第三十八条の二第二項及び第三十八条の三第一項の規定にあっては労働者派遣法第四十四条第五項の規定により読み替えて適用する場合を含む。以下この項において「労働時間に関する規定」という。）に規定する事項について決議が行われたときは、当該労働時間等設定改善委員会に係る事業場の使用者（労働基準法第十条に規定する使用者をいう。）については、労働基準法第三十二条の二第一項中「協定」とあるのは「協定（労働時間等の設定の改善に関する特別措置法第七条第一項に規定する労働時間等設定改善委員会の決議（第三十二条の四第二項及び第三十六条第三項において「決議」という。）を含む。次項、第三十二条の四第四項、第三十二条の五第三項、第三十六条第三項及び第四項、第三十八条の二第三項並びに第三十八条の三第二項を除き、

次項、次条第四項、第三十二条の四第四項、第三十二条の五第三項、第三十六条第八項及び第九項、第三十八条の二第三項並びに第三十八条の三第二項を除き、以下同じ。）」と、同法第三十二条の四第二項中「同意」とあるのは「同意（決議を含む。）」と、同法第三十六条第八項中「代表する者」とあるのは「代表する者（決議をする委員を含む。次項において同じ。）」と、「当該協定」とあるのは「当該協定（当該決議を含む。）」として、労働時間に関する規定（同法第三十二条の四第三項並びに第三十六条第三項、第四項及び第六項から第十一項までの規定を含む。）及び同法第百六条第一項の規定を適用する。

一〜三　（略）

（削る）

以下同じ。）」と、同法第三十二条の四第二項中「同意」とあるのは「同意（決議を含む。）」と、同法第三十六条第三項中「代表する者」とあるのは「代表する者（決議をする委員を含む。次項において同じ。）」と、「当該協定」とあるのは「当該協定（当該決議を含む。）」として、労働時間に関する規定（同法第三十二条の四第三項及び第三十六条第二項から第四項までの規定を含む。）及び同法第百六条第一項の規定を適用する。

一　当該委員会の委員の半数については、当該事業場に、労働者の過半数で組織する労働組合がある場合においてはその労働組合、労働者の過半数で組織する労働組合がない場合においては労働者の過半数を代表する者の推薦に基づき指名されていること。

二　当該委員会の議事について、厚生労働省令で定めるところにより、議事録が作成され、かつ、保存されていること。

三　前二号に掲げるもののほか、厚生労働省令で定める要件

2　労働時間等設定改善委員会が設置されていない事業場において、事業主が、当該事業場に、労働者の過半数で組織する労働組合がある場合においてはその労働組合、労働者の過半数で組織する労働組合がない場合においては労働者の過半数を代表する者との書面による協定により、労働安全衛生法（昭和四十七年法律第五十七号）第十八条第一項の規定により設置された衛生委員会（同法第十九条第一項の規定により設置された安全衛生委員会を含む。以下同じ。）であって次に掲げる要件に適合するものに、当該事業場における労働時間等の設定の改善に関する事項を調査審議させ、事業主に対して意見を述べさせることを定めたときは、当該衛生委員会を労働時間等設定改善委員会とみなして、前項の規定を適用する。

一　当該衛生委員会の委員の半数については、当該事業場に、労働者の過半数で組織する労働組合がある場合においてはその労

（労働時間等設定改善企業委員会の決議に係る労働基準法の適用の特例）

第七条の二　事業主は、事業場ごとに、当該事業場における労働時間等の設定の改善に関する事項について、労働者の過半数で組織する労働組合がある場合においてはその労働組合、労働者の過半数で組織する労働組合がない場合においては労働者の過半数を代表する者との書面による協定により、第六条に規定する委員会のうち全部の事業場を通じて一の委員会であって次に掲げる要件に適合するもの（以下この条において「労働時間等設定改善企業委員会」という。）に調査審議させ、事業主に対して意見を述べさせることを定めた場合であって、労働時間等設定改善企業委員会でその委員の五分の四以上の多数による議決により労働基準法第三十七条第三項並びに第三十九条第四項及び第六項に規定する事項について決議が行われたときは、当該協定に係る事業場の使用者については、同法第三十七条第三項中「協定」とあるのは、「協定（労働時間等の設定の改善に関する特別措置法第七条の二に規定する労働時間等設定改善企業委員会の決議を含む。第三十九条第四項及び第六項並びに第百六条第一項において同じ。）」として、同項並びに同法第三十九条第四項及び第六項並びに第百六条第一項の規定を適用する。

一　当該全部の事業場を通じて一の委員会の委員の半数については、当該事業主の雇用する労働者の過半数で組織する労働組合がある場合においてはその労働組合、当該労働者の過半数で組織する労働組合がない場合においては当該労働者の過半数を代表する者の推薦に基づき指名されていること。

働組合、労働者の過半数で組織する労働組合がない場合においては労働者の過半数を代表する者の推薦に基づき指名されていること。

二　当該衛生委員会の議事について、厚生労働省令で定めるところにより、議事録が作成され、かつ、保存されていること。

三　前二号に掲げるもののほか、厚生労働省令で定める要件

（新設）

二　当該全部の事業場を通じて一の委員会の議事について、厚生労働省令で定めるところにより、議事録が作成され、かつ、保存されていること。

三　前二号に掲げるもののほか、厚生労働省令で定める要件